心に響く励ましの言葉を磨く

スクール・ペップトーク実践ワーク集

岩﨑由純・堀寿次 著

学事出版

はじめに

　本書は、教育の現場で使えるショートスピーチを、「ペップトーク」の考え方を使いながら、自分で作るというワークブックのスタイルで構成しました。また、教室の中で生徒に話すだけでなく、年中行事や、特別な状況下でも生徒に短く分かりやすく話すためのヒントになるようなコツや情報も紹介しています。

　「ペップトーク」は、スポーツの現場で監督やコーチなど指導者が、本番前に選手に語るショートスピーチとして練られて、現在のような形になっています。そこには、先人たちの経験に加えて、心理学や脳科学、さらには言語学の研究結果も反映されています。しかし、話し言葉は、時代と共に大きく変化し、解釈も変わっていく生き物のようなツールです。

　教育環境も大きく様変わりし、「先生のおっしゃることは絶対」という昭和の時代の当たり前は、現在のタブーとなり、目上の人や親に対する尊敬の念も薄らいでいる中、部活動の指導さえ、大きな変化を求められています。

　本書を企画するにあたり、既存の書籍を参考にさせていただきました。こんなにたくさんの話し方のハウツー本や、スピーチの例を掲載している教育書があるのかと驚きました。しかし、そこに掲載されている実例は、精読すると素晴らしいものばかりなのですが、実際に音読するとむずかし過ぎて、子どもたちには理解が難しそうなものも、含まれていました。なかには「口語」で書かれているのに、練習しないと読めないほど「リズム」のない文章もありました。

　本書では、子どもの心に届くように「短く、分かりやすく」話をまとめるための提案とサンプルを提示し、そして自分の言葉を入れて仕上げるワークが含まれています。スピーチには、語り手と聴き手の信頼関係の上に成り立つ共通言語が必要だからです。目の前にいる子どもたちには、先生が何かを参考にして、どこかから引っぱってきた言葉より、「先生らしさ」を感じられる生きた言葉の方が「伝わる」からです。

　さあ、「自分らしさ」を最大限に発揮して、心の通うショートスピーチを「自分の言葉」で作ってみてください。その魂のこもった「言の葉」は、きっと子どもの心に届きます。

岩﨑由純

心に響く励ましの言葉を磨く
スクール・ペップトーク実践ワーク集
もくじ

はじめに　3

第1部　勇気・元気・やる気を起こす「励ましの言葉がけ」……7

1. ペップトークの特徴……8
2. 優れたスピーチの3要素……10
3. ペップトークの構造……14
4. ペップトークの目的……16
5. 対句法（対照法）～子どもに分かりやすく話すために～……19
6. 行動VS感情　～行動すべき時に感情的になってしまう～……20
7. 強い子を育てる3要素　～慎独・立腰・覚悟とは～……21
8. ドリームサポーター（目を細めて見守る親や教師）……23
9. 「認める・褒める・喜ぶ」の違い……26
10. 期待は両刃の剣……27
11. キャリア教育にも柔軟性を……29

◆コラム「ペップトークの歴史」　31

第2部　生徒の心に響く言葉を磨こう「激励のショートスピーチ」……33

1　ペップトークを作る前に……34
　（1）ペップトークの4層構造……34
　　❶受容：質問力を磨いて相手の状況・心情を理解しよう……34
　　❷承認：事実は1つ、解釈は無数にある……35

❸行動：してほしいこと、成功のイメージを伝えよう！……36
　　❹激励：背中のひと押しは普段の信頼関係が大切！……37
　（2）まずはあなたの指導指針を……38
　（3）4つのステップで考えよう！……39
　（4）まずはあなた自身の気持ちを整えよう……40
　（5）今の状況を受け入れ、すべてにOKを……41

2 Let's try ペップトーク！
●4月
　① 新年度のスピーチ（生徒へ）〈心に響く語りでスタートを〉……42
　② 新年度のスピーチ（保護者へ）〈成長を共に願うパートナーへ〉……44
　③ 係・委員決め〈役割があることは、学級活動のエンジン〉……46
●5月
　④ 初めての定期テスト〈テストは今の自分を試すチャンス〉……48
　⑤ GW（ゴールデンウィーク）を前に〈連休を有意義に過ごそう！〉……50
　⑥ 家庭訪問〈真摯に生徒・保護者と向き合う機会に〉……52
　⑦ 修学旅行〈体験から学び、最高の想い出にしよう〉……54
　⑧ 宿泊体験学習〈集団の大きさを知る機会〉……56
●6月
　⑨ 体育祭〈一致団結。結果よりどう取り組むか！〉……58
　⑩ 部活の夏の大会〈お互いに応援し合う雰囲気を作ろう！〉……60
　⑪ 勉強と部活の両立〈悩みながら、進んでいこう！〉……62
●7月
　⑫ オープンキャンパス〈学校見学で、未来のイメージを膨らませる！〉……64
　⑬ 職場体験〈働くことと今が繋がっていると知ろう！〉……66
　⑭ 夏休みの過ごし方〈ひと夏で大きく成長しよう！〉……68
●9月
　⑮ 夏休み明け〈スパッと学校モードへ〉……70
　⑯ 避難訓練〈自分の身を守る意識を持ってもらおう〉……72
　⑰ キャリア教育〈これからのキャリアを考えること〉……74
●10月
　⑱ 文化祭〈クラスがまとまり、やり遂げる達成感を〉……76
　⑲ 合唱コンクール〈歌声が揃うと心に響く一体感〉……78

⑳　芸術鑑賞会〈本物に触れて感じる感覚を大切に〉……………80
● 11月
　㉑　公開授業〈教師も生徒もありのままで〉……………………82
　㉒　読書のすすめ〈本が人生の疑似経験値を上げる〉…………84
● 12月
　㉓　期末テストの重要性〈お互いに支え合おう〉………………86
　㉔　冬休みを過ごす前に〈年末・年始を無事過ごそう〉………88
● 1月
　㉕　新年挨拶〈年始めは前向きな未来のイメージを〉…………90
　㉖　健康管理〈体調管理は大人への第一歩〉……………………92
　㉗　受験に向けて〈志望校へ向けて全力を尽くそう〉…………94
● 2月
　㉘　清掃活動〈大切な場所を感謝の心で綺麗にしよう〉………96
　㉙　学年末テスト〈学習の集大成を完結させよう〉……………98
● 3月
　㉚　卒業式〈旅立つ生徒たちには想いの丈を伝えよう〉………100
　㉛　クラス解散式〈生徒たちには想いの丈を伝えよう〉………102
● 部活編
　㉜　チーム結成〈これからスタートするみんなへ〉……………104
　㉝　合宿前〈きつくてつらい時にこそ、励ましを！〉…………106
　㉞　新人戦〈はじめての公式戦、本領発揮なるか!?〉…………108
　㉟　引退試合〈最後の公式戦、完全燃焼しよう〉………………110
● 特別編
　㊱　遅刻対応〈時間を守る大切さと思いやり〉…………………112
　㊲　いじめ対応〈一人一人が大切な存在であること〉…………114
　㊳　暴力・盗難・飲酒対応〈処罰対象の事案について〉………116

おわりに　118

第1部
勇気・元気・やる気を起こす「励ましの言葉がけ」

1 ペップトークの特徴

　ペップトークは、大事な試合が始まる直前のスピーチです。「短く、分かりやすく、肯定的な言葉を使う」のが特徴で、「選手の魂を揺さぶり、その気を引き出す」のがその役割です。

```
ペップトークとは！

  PEP      ：元気・活気・活力
  PEP TALK! ：激励演説・応援演説

  <特徴>
  短い
  分りやすい
  肯定的な言葉を使う
  魂を揺さぶる
  人をその気にさせる      勇気づけトーク
```

　以前は、前向きな言葉と言いながらも、選手を鼓舞しようと乱暴な言葉も用いられていました。時代劇に出てくるような「啖呵を切る」行為には、観ていてスカッとするのですが、実社会で使うには、少し下品な場合があります。滑稽本の『客者評判記』には「えらいたんか切りくさったら、頭（どたま）みしゃいでこますぞよ」は、言い換えると「偉そうな啖呵を切ったら、頭を押しつぶすぞ」と、かなり暴力的な意味になります。今の世の中で「どたま、かち割るぞ！」と叫んだら、聞く側も、周りも、意味通りに受け取りパワハラになってしまいます。本当は言うことを聞かそうと、脅しているだけだったし、聴き手もそのつもりで聞いていた古き良き時代は過去のものとなり、教育の現場での「啖呵」はパワハラです。

　命令口調も取扱注意です。きちんとした説明もなく「俺が言っているんだから黙ってやれ！」といった上意下達の指導も、教育の現場や、部活の指導、そして企業研修などでも当たり前のように行われていました。正しい指導法を学ばずに監督やコーチに就任すると、「昔、自分がやられたように、自分もやる」といった時代の変化に合わない指導になりかねません。世代を越えた「負の連鎖」で、理不尽な命令口調の指導を行ってしまうとパワハラの烙印を押されてしまいます。

　また、賞罰を与えるといった約束をエサに語ることもありました。昭和の時代には「ア

メとムチ、どちらが良いか」といった議論がありましたが、どちらも効果に大きな差がないことが分かっています。『モチベーション3.0』（講談社）の著者ダニエル・ピンク氏によると、賞罰はどちらも、他人によってモチベーションを上げようとするアプローチ、すなわち「外発的動機付け」なのです。同氏によると、自らの内側から湧いて出てくるモチベーション「内発的動機付け」の方が、誰かにやらされる外発的なものよりも、強く長く深い「その気」となります。

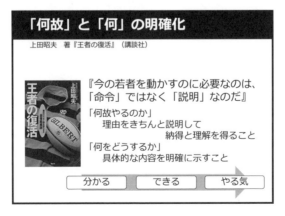

　ペップトークは、そうした「その気」を引き出すためのショートスピーチであると言われています。命令口調で無理やり「やらせる」のではなく、理解と共感を得て本人が自ら「やりたい」と思う言葉を選びます。故上田昭夫慶応大学ラグビー部元監督は、部の100周年でリベンジ優勝を果たした時に書いた『王者の復活』（講談社）の中で、「今の若者を動かすのに必要なのは、命令ではなく説明なのだ」と書かれています。何故やるのかきちんと説明し、どれだけやるのかちゃんと指示することが大切です。その分かりやすい「言葉の力」で納得をした選手たちが、日本一を奪還したのだそうです。

　思えば、かつてお世話になった監督が、「俺の言うとおりにやったら日本で３番にはなれるだろう！しかし、お前たちが日本一になりたかったら、俺を越えていけ！」とおっしゃった年に、チームは日本一となり、選手たちは歓喜の中、監督を胴上げしました。

2 優れたスピーチの3要素

　ペップトークは、トークと言っていますが、実は短いスピーチです。不特定多数の大勢に喋ることもあるし、会話のキャッチボールをするより、一方的に話すケースが多いからです。アリストテレスは、2000年以上も前に、優れたスピーチの3要素として、エトス、パトス、ロゴスをあげていました。

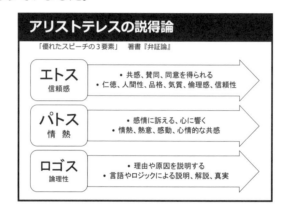

❶ エトス

　エトスは「話している人の信頼を高める説得要素」です。語り手と聴き手の間に、そのスピーチによって信頼感が生まれることが、説得や納得のためには必要です。話を聞いている側が、「なるほど、そういうことか！」と膝を打つような内容なら、OKです。

　学校での一般的なスピーチと言えば、校長先生や教育長さん、あるいは来賓の方々が、時候の挨拶から始めます。それが、その季節にあった適切なものであれば、共感が得られエトスアップになります。天気が悪い日に「今日は足元が悪い中、お集まりいただきありがとうございます」と挨拶をされ、本当に大変な思いをして辿り着いた方々から、共感を得られたら、それもエトスです。

　その場に不適切なご挨拶だと「なにを言っているんだ！この人は」とエトスダウンになります。例えば、結婚式のスピーチで忌み言葉（禁句）を使ったり、子どもの集会で政見放送のような内容を語ったり、弔辞で故人の悪口を言ったりした場合、大顰蹙をかってしまいます。年度始めのPTAの集まりで担任の先生が、あまりにも悲観的な話をして「この先生に子どもを任せて大丈夫なのか」と思わせたらよくないことは言うまでもありません。

ある病院で、「あの先生の話は専門性が高くて凄いけど、あの体型でダイエットの話をされてもね！」と小耳にはさみました。この例の場合は、見た目と話の内容に、大きな矛盾があったので、エトスダウンになったようです。やっぱり聞き手は、語り手の言葉だけでなく、目から入る情報も合わせて信頼性を判断するようです。

　先の例では太っている先生から、ダイエットの話をされても信憑性がなかったわけですが、日頃の行いや言動に問題があると思われている先生から、生活指導をされても反発される可能性があります。また、笑いながら注意されると、その見た目から「この人は、本気ではない」と判断され、内容が正しくても説得力が半減します。叱る時は叱る時の声、表情、姿勢が、その内容と一致しているからエトスが得られます。もちろん、褒めるとき、喜ぶとき、楽しむときには、それなりの表情や姿勢があるはずです。

　聴き手が、この人の話なら大丈夫と感じるようにするには、共通の話題で共感できる、個人の経験や思いを語る、立場や状況をわきまえる、自分らしさを出す、ユーモアを取り入れるなどの工夫が必要です。しっかりと断言すべき時には、あいまいな表現ではなく、きちんと自信を持って語ることもエトスアップの重要な要素です。本気が相手に伝わるからです。

❷ パトス

　パトスは、情熱です。「感情に働きかける説得要素」ともいわれています。伝えたいと本心で思うことによって、聴き手にその「情熱」が伝わると、聞く側の姿勢が変わります。

　ハーバード大学出身のお笑い芸人パックン（パトリック・ハーラン）の**『大統領の演説』**（角川新書）によると、人は感情によって動きますから、アメリカ大統領の演説では、愛国心を煽る、弱者への同情を促すなどの話題を取り入れているそうです。ハリウッド映画も、感情に強く働きかけて最終的には、全ての聴衆がヒーローの応援団になるように仕掛けられています。そう考えると、『水戸黄門』や『大岡越前』などの人気だった時代劇も、同じように「悪」をこらしめて「スカッ」とするエンディングのために、どれだけ悪いかを伝える「感情に訴えかける」部分がしっかりと作られていました。

　実は、スポーツの世界でも、指導者がストーリーを使って選手の感情に働きかけ、その気のスイッチを入れるようなペップトークをすることがあります。例えば、たくさんの部員がいる甲子園の常連校で、最終的にベンチ入りできなかった３年生の気持ちを考えさせる場面がオンエアされ、もらい泣きをしたことがあります。

　海外の自己啓発書の中には、ストーリー仕立てで例を示し、心に働きかけるようにメッセージを伝えるものが多いようです。オグ・マンディーノ氏の**『十二番目の天使』**（求龍堂）は、素敵なストーリーで人々の感情にアクセスしています。邦書では、中学生や高校

生にも読んでほしい喜多川泰さんの『「また必ず会おう」と誰もが言った。』(サンマーク出版)や『君と会えたから』(ディスカヴァー・トゥエンティワン)もストーリー仕立てで読み手の感情を揺さぶりながら、たくさんのメッセージが伝わってきます。

　講義やセミナーでは、「これを伝えたい、これをみんなに知ってほしいんだ、これって凄くない!」といった先生の情熱も「パトス」です。語り手の熱が、伝わってくることにより、聴き手の心を開くわけです。原稿の棒読みや、無言での板書書きだけでは思いは伝わりません。その内容に対する語り手の愛や思いが、パトスなのです。

　そして、「あ、その話、面白そう、もっと知りたい。もっと教えて!」と聞く側の情熱に火をつけたら成功です。伝えたいという語り手の情熱と、もっと聞きたい、もっと詳しく知りたいという聞き手の情熱が一致すると必ず魂に響きます。

　教室や部活指導の現場では、小さいけれども、明らかに困っている些細な問題があるかも知れません。そんな自分に直結する問題解決になりそうなお話だったら、「聞く耳」のスイッチが入ります。語り手としては、聴き手にとって役に立つ話、興味がある内容、実践的なコンテンツが含まれ、何かの役に立つ(貢献できる)テーマで話すことによって、双方の思い(パトス)がアップします。伝えたい思いと、知りたい思いの化学反応が起きると間違いなく伝わります。

❸ ロゴス

　ロゴスは「知性に訴えかける説得要素」です。いかにロジカルにお話ができるか、言葉選びや話の組み立てが、論理的で聞き手が納得することがポイントです。同時に、口ずさみやすかったり、覚えやすかったり、韻を踏んでいたりと、印象に残る工夫もロゴス・テクニックです。たとえば、オバマさんといえば「イエス、ウイキャン」や小泉元首相の「感動した。」とか「自民党をぶっ潰す!」のように、シンプルだけどインパクトがあり、すぐにみんなが覚え、話題にするような言葉や発言です。

　実は、マスコミを通じて、誰もが知っている言葉になったものをサウンドバイトと言います。安倍政権では「アベノミクス」を与党も野党も、そしてマスコミまで何度も何度も口にするから、誰もが知っている言葉になりました。実際に反論があるのなら、一切言わなければ国民に浸透しないのですが、野党が毎日のように口にするのでサウンドバイトになりました。面白いですね。小学校の時の担任の先生の口ぐせが、大人になっても忘れられないのは、何度も聞かされていたからなんです。

　注意が必要なのは、「ロゴス＝論理」ではないことです。説得をしたい相手に対して、徹底的な理論武装をして正論をぶちまけても、相手が聞く耳をもたなかったら、全く意味がありません。

部活の指導など、常に動きがある現場で何かを使える時には、どれだけ分かりやすく短く話すかというのも語り手の手腕、すなわちロゴスと言えます。「片付け」が世の中で注目された時期に「断捨離」が、大流行しました。同じように誰かに何かを伝える時も、言葉や表現の余計な部分を断捨離して、要点を的確に言語化することが大事です。

　修辞学とは、言葉による表現技法のことです。何かを伝えるために「比喩」したり、「比較」したり、「例示」したり、「列挙」するなど、表現の工夫をすることです。これらの技法を使って伝わりやすく話すのもロゴスのテクニックです。

　比喩の中で我々日本人になじみ深いのは、武田信玄の軍旗に記された風林火山の「疾如風、徐如林、侵掠如火、不動如山」ではないでしょうか？「疾(と)きこと風の如く、徐(しず)かなること林の如く、侵(おか)し掠(かす)めること火の如く、動かざること山の如し」と、どうあるべきかを風や火、林や山にたとえています。風林火山は、大人なら誰でも知っているかも知れませんが、子どもへのたとえ話としては、丁寧な説明が必要かも知れません。

　比較と言えば、世間は「東京ドーム」を使い過ぎているような気がします。ニュースでは何かにつけて、東京ドームに例えます。「この公園は、東京ドーム○○個分の広さです。」「東京ドーム○○杯分の原油が流出しました。」実際に、東京ドームを見たことのない地方の人までなんとなく納得してしまいます。やはり分かりやすい比較だから、分かった気がするのでしょうか。しかし教室で子どもに何かを伝えるための比較にするなら、その子たちがはっきりとイメージできるものを使うのが理想ではないかと思います。「東北大震災の復興支援のために活躍した空母ロナルド・レーガンは、全長333m、ちょうど東京タワーの高さと同じです。」と横のものを縦のものと比較するより、「君たちの校舎の○○倍の大きさです！」と言った方が、分かりやすいかも知れません。

　コンビニに入ると商品の特徴を分かりやすい表現で商品名にしているものがたくさんあります。イメージを言語化するテクニックをオノマトペやシズルを使った商品です。オノマトペとは、「ざあざあ」「きらきら」とか「シャキッと」「てきぱき」など、擬声語や擬態語などのことです。その中でも食欲や購買意欲を促進するような表現をシズルと言います。有名な陸上の指導者には、選手指導にオノマトペを使ってイメージを描かせているそうです。そこに適切な解説を加えることで理解度がグーッとアップするようです。

＊

　ロゴス・テクニックには、こうした表現方法や表現力も含まれます。教育の現場に立たれる先生方は、目の前の子ども達の理解度に合わせて短く分かりやすい言葉を用い、その気にさせられる話術を身につける必要があります。どんな言葉をどう言うか、それを考えに考え抜いて語ること。それが指導者の役割だとリーダーシップ論でも説かれています。是非、エトス・パトス・ロゴスを駆使して、子どもの心をつかんでください。

3 ペップトークの構造

　シンプルなスピーチの構造として使われるのが起承転結です。前述したハリウッドスタイルや、水戸黄門スタイルも、基本的に起承転結の流れになっています。起の部分として物語の登場人物や時代背景などが知らされ、承でストーリーが進んで状況が理解され事件が起きます。転でその葛藤を覆すべき解決への道が開かれ、結でハッピーエンドになるといった作りです。最近の映画の中には、問題提起のままで終わるものもありますが、ヒーローものは基本的に正義が勝って終わります（終わってほしいと思います）。

　歴史に残ったペップトークを研究すると、起承転結のスタイルになっているものが多いです。拙著『心に響くコミュニケーション　ペップトーク』（中央経済社）では、さらに細かく因数分解をして7層構造のものをご紹介しました。本書では、よりシンプルに学校現場でも即戦力として使えるように4層構造のペップトークをご紹介します。

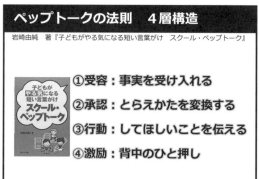
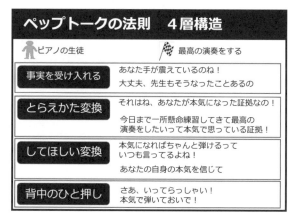

「受容」では、現在の状況を受け入れることがポイントです。そこには、関わっている人、物、イベント、天気などの事実はもちろん、精神状態や気持ちなど、あらゆるものが含まれます。たとえネガティブなものであったとしても事実として受け入れることがポイントです。生徒がやる気をなくしているのが事実だったら、それを**「ダメだよ」と否定するのではなく、そういう精神状態になっているということを受け入れる**のです。

指導する側が「こうあるべきだ」という「べき論」をふりかざして、子どもの立場や精神状態を「そんなのあり得ない」と否定すると、ますますやる気をなくしてしまいます。その精神状態になる何らかの理由があったと考え、まずは受け入れることです。

「承認」では、全ての事実を受け入れたうえで、それを**どうとらえるかを考えて言語化**します。日本ペップトーク普及協会のセミナーでは**「とらえかた変換」**としてワークをしています。

たとえば、目の前に誰が見ても手順が煩雑そうな課題があったとします。それを、「難しい、できるわけがない！」と悲観的にとらえるか、それとも「やりがいがありそうだ。チャレンジしたい！」と前向きにとらえるのか、もちろん事実は変わりませんがとらえ方は自由です。どちらにしても取り組まなければならない課題であれば、ポジティブにとらえた方が、問題解決も加速するかも知れません。

そして「行動」では、**してほしいことを言語化**します。昔、貼り紙と言えば「してほしくないこと」が、書いてありました。「廊下を走るな」は、明らかにしてほしくないことを言葉にしています。本当は静かに歩いてほしいわけですから、ストレートに「廊下では静かに歩きましょう」と変換します。試合前の子どもたちに、「今日まで一生懸命準備してきたのだからミスをしないでね！」と、してほしくないことを言っています。「今ある力で、思いっ切り試合を楽しんでね！」と、してほしいことを言います。

そして最後に、「激励」では、**声がけ**をします。セミナーでは**「背中のひと押し」**と表現しています。ペップトークが普及したスポーツの世界では、その舞台に指導者は同行できないからです。「ここからは自分たちで考え動く」という自覚を促すためにも、「さあ、いってらっしゃい！」と背中を押します。ここでは一般的な「頑張ってね」でも良い場面もあります。しかし、今の子ども達の中には、「頑張っているのにガンバレって言われたくない」という子もいるそうです。そんな場合は、「じゃあ、なんて言ってほしいの？」と普段のコミュニケーションの中で、しっかりと聞いておく必要があります。いざという時に何と言われたいのか、なんと言われたらやる気になるのか、しっかり把握しておくのが、ドリームサポーターとしての指導者の役割と言えます。

4 ペップトークの目的

　4層構造のペップトークでは、1）事実を受け入れ、2）とらえかたを変え、3）してほしいことを言葉にして、4）背中のひと押しをするわけですが、それぞれのステップに目的があります。

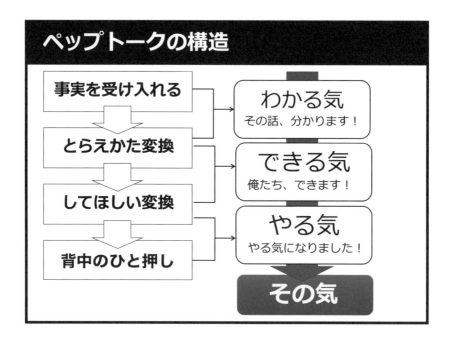

◆「わかる気」を引き出す

　まず、目の前にある事実を受け入れる段階では、子どもにとっては試験だったり、試合だったり、運動会だったり、文化祭だったり、代表としての発表だったりと大きな舞台の場合もあります。また教室の中で手を上げて発言するといった小さな行動でも、おとなしい性格の子どもにとっては勇気が必要な行動かも知れません。そんな一歩を踏み出そうとしている時の、特別な環境も精神状態も事実です。その全てを受け入れて、次のとらえかた変換をするのは、状況をポジティブに把握するお手伝いが目的です。社会心理学では**「状況把握感」**といい、私たちは、「わかる気」と表現しています。「なるほど、そう考えることもできるね！」と、子どもが納得したら、1から2へのステップは成功です。

◆「できる気」を引き出す

　「とらえかた変換」ができたら、次の「してほしい変換」へと進みます。これまで「言語化」とか「言葉にする」と表現してきました。その内容は、目の前にいる子ども達に「できること」「できるかも知れないこと」「して欲しいこと」などです。ここに「できるかも知れないこと」が含まれるのは、子ども達が何かにチャレンジする時には、できない可能性もあるからです。チャレンジの場合は、その課題が大きければ大きいほど、できた時の喜びも大きいのですが、もう一つ大きくなるのは失敗する可能性です。ペップトークをする時には、それも想定したうえで、チャレンジすることそのものを応援します。そして、成功した時には、共に喜び、失敗した時には改善点をみつけ、成長するチャンスだと受け止めます。チャレンジすることは、よいこと、そして、「今の自分にできること」として伝えて、子どもに「できる気」を起こすことが目的です。心理学用語では**「処理可能感」**といいます。この感覚を引き出すのが、2から3へのステップです。

◆「やる気」を引き出す

　そして、「してほしい変換」から「背中のひと押し」へと進みます。そこで使う言葉によって聞く側が「やる気」を起こすのが目的です。上述したように「ガンバレと言われたくない」と言っている子には、その子がやる気になる言葉を事前に聞いておきます。何故やるのか、どうして挑戦するのか、その意味を理解して一歩踏み出すための声がけは、**「有意味感」**と表現されています。「自分自身が、取り組むことに意味があるんだ。」と認識、あるいは納得する感覚です。「よ〜し、やるぞ！」と気合いが入れば完璧です。それが「してほしいことを明確にする」ステップ3から「さあ、行っておいで！」と背中のひと押しをするステップ4の目的「やる気を引き出す」なのです。

◆子どもたちの「その気」を引き出す

　ペップトークの特徴でご紹介した「その気」を引き出すために、「分かる気」「できる気」「やる気」を刺激する言葉を選ぶことができたら、シナリオはほぼ完成です。しかし、残念ながら、それらに該当する言葉の答えは、人によって違います。一般論として、名言と評価されている表現でも、目の前にいる子どもにとって、意味が伝わらなければ「豚に真珠」となってしまいます。本書でも、例を示しながら、穴埋めのワークが多いのは、答えは「目の前にいる子どもたちの中」あるいは「先生と生徒との間」にあるからです。しかも同時に、先生がいつも使っている言葉の中から、子どもたちに響くものが生まれ、成長して、変化していく可能性を持っているのです。

〈教育現場からの声（実践した先生からの感想など）〉

「チャレンジとは」

「負けた子、挫折した子、落ち込んだ子どもにどんな声がけをしたらよいのでしょう？」

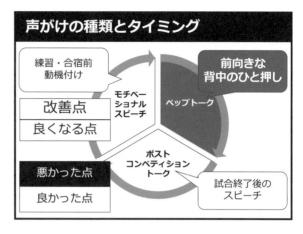

ペップトークの講演会の後でよくある質問です。「ペップトークは、本番前の言葉がけです。その前向きな言葉で、子どもたちが思いっ切りチャレンジできるように言葉を選びます。」と答えます。「そして、チャレンジには失敗や敗北がつきものです。チャレンジは大きければ大きいほど失敗の確率が高くなります。結果が出た後の声がけは、スポーツの世界ではポストコンペティショントークと言って別物なのです。」とお伝えします。

結果が出た後に何を言うのかは、とても大事です。特に失敗したり、負けてしまったり、思うようにいかなかった時こそ、慎重な言葉選びをします。何故なら、それこそが、**成長のチャンス**だからです。

成功は喜べばよい。しかし、失敗は、課題をみつけ、改善点をクリアにして、次のチャレンジに向けて成長するチャンスです。よかった点はもちろん、悪かった点も受け入れて、「もっとよくなるにはどうすればよいのだろう。改善点も受け入れて、これからは何をすればよいだろう。」と本気で考えることができる絶好のタイミングなんです。

ただ、人間には感情があります。やっぱり負けたら悔しいし、ミスしたら辛いし、理不尽なことがあったら怒ってしまうこともあるでしょう。そんな時には、少し時間をかけて感情のコントロールができてから、話します。何故なら、平常心ではない時の話は、聞こえなかったり、理解できなかったり、納得できなかったりするからです。分かっていても拒否してしまうかも知れません。

そんな時は、少し待って落ち着いてから、知的に冷静に話します。語り手も聴き手も、記憶は新しいうちがよいのですが、感情的には平常心に戻ってから話し合うのが得策です。

「先生はね、君が頑張ったこと知ってるよ。一生懸命頑張ってチャレンジしたことに大きな意味があると思う。その頑張り方がこれからの人生にきっと役に立つよ。そして、これから、もっと大事なことが二つある。それはね、今回の経験から、何を学んで、次にどう生かすか考えることと、実際に行動すること。さあ、どうしよう。一緒に考えようか？」と言ってみてはいかがでしょうか？

5 対句法（対照法）〜子どもに分かりやすく話すために〜

　対句（対照法）とは、アンチテーゼの日本語訳で、言葉や文の中で明白な対照を示すことによって、概念の対照を伝える修辞学の技法です。「文章の長さが同じか近い、呼応する言葉の品詞が同じ、意味が対になっているものが二つ以上ある」の3つの条件が満たされているものが、「対句」だそうです。例文として
　青い空が広がり
　白い雲が流れる
とありました。「青い」と「白い」、「空」と「雲」、「広がり」と「流れる」は、それぞれ「色」「何」「どうなる」で見事に対になっています。
　聖書の中に以下のような文があります（箴言14章30節）。
　「穏やかな心は身の命である」
　「妬みの心は骨をも腐らす」
　実は「妬みの心」の方は、翻訳によっては「激しい思い」や「激情」となっていて、やはり「穏やかな心」とは真反対のネガティブな感情を表しています。そして「身の命」の部分は、「肉体を生かす」と訳されていて、「骨を腐らせる」と文法的にも同じ構造になっています。この箴言は、対句によって、心と身体の関係性を我々に分かりやすく伝えています。
　本書では、前向きな声がけとしてのペップトークを紹介していますが、小さなお子さんのしつけや、低学年くらいの子どもたちには、「教える」段階では、対句を利用した方が分かりやすくなると考えられます。
　「道路に飛び出してはいけません。横断歩道で手を上げて渡りましょう。」
　「刃物は間違った使い方をすると危ないよ。正しく使ってきれいに切りましょう。」
　「ちらかしていたら物がみつからない。整理整頓したらすぐにみつかるよ。」
　「人に迷惑をかけたら叱られます。人を助けたら喜ばれます。」
　してはいけないことと、してほしいことを対句にして、生徒に理解しやすくして伝えましょう。小さな子どもたちのしつけにも、使えるレトリックですが、ちゃんと何故いけないのか分かるように説明するのも親や先生の責任かも知れませんね。

6 行動 vs 感情 〜行動すべき時に感情的になってしまう〜

　自分のミスを自覚して「しまった！」と思っているときに、親や先生に責められると更に落ち込んでしまいます。言われる側の気持ちを考えない指導者は、本人の気持ちを考えずに「傷口に塩を塗る」言葉をかけてしまいがちです。そして、そういうことを平気でするような人が、同じようなことをされたときに一番落ち込むのも面白い事実です。

　松下幸之助さんは、ミスをしても自覚し反省している部下は叱らなかったそうです。しかし、そのミスに気づかず反省せず対処もしなかった時には、烈火のごとく叱り飛ばしたそうです。言い訳をしようものなら、怒り心頭、とんでもないことになったそうですが、ちゃんと気づいて、事実を受け入れて、誠心誠意、謝罪すると「君には期待しているよ！」とサラッとされていたそうです。

　道元禅師は、叱る時にはカラッとし、後を引かない「活人剣」をふるいなさいと説かれています。有事の時こそ、人を潰してしまう剣ではなく、「人を活かす剣」を使うことが、深い絆の構築になると諭されていたそうです。

　「叱ること」と「怒ること」の違いは、はっきりしています。叱るのは行為であり、怒るのは感情です。誰かを叱らなければならない時に、怒りの感情を胸に抱きながら行うと、相手にもその感情が伝播してしまいます。叱る時には叱るだけにすることが大事です。しかも、負けや失敗の時と同じように、「叱られるようなことをしたこと」を受け入れ、反省し、改善や成長のチャンスにするためには、声がけは大切な行為（行動）です。

　注意すべき点があるときには、対象者がちゃんと自覚をしているうちに叱るべきです。鉄は熱いうちに打てといわれている通りです。しかし、それは同時に、叱る側も、怒りの感情がおさまっていない可能性があるので要注意です。怒りの感情のコントロールについては、アンガーマネジメントを身につけるとよいと言われています。

　さあ、知的に理性的に、子どもの成長のためにちゃんと叱りましょう。
（参考：日本アンガーマネジメント協会 https://www.angermanagement.co.jp/）

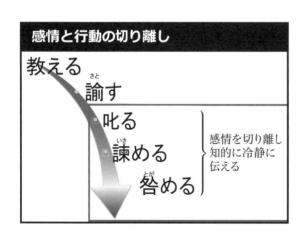

7 強い子を育てる３要素 〜慎独・立腰・覚悟とは〜

　スポーツや武道の世界では、自分に克つことを「克己」といいます。辞書では「自分に打ち勝つこと。心の中に起こる衝動・欲望を意志の力によっておさえつけること。」となっていて、自制心のあることをさしています。

　佐藤一斎の『言志四録』の研究で有名な東洋思想研究者の田口佳史氏は、人が自分に打ち克つには、「慎独、克己、立腰」の３つの鍛え方があると書かれています。

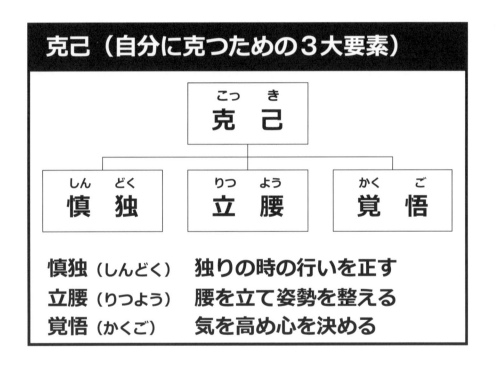

　慎独とは、ひとりのときにこそ、誰に見られても恥ずかしくないふるまいを心がけることを意味します。先生がいなくてもしっかり勉強する、監督がいなくても一所懸命に練習する、親に言われなくてもやるべきことはやる態度です。慎独は、中国の古典『大学』や『中庸』にも出てくる言葉で、個人修養の大切な徳目の一つです。佐藤氏は、著書の中で克己や慎独の鍛錬としては、「誘惑に負けそうなときに「いやいや、まだまだ」と、自分をコントロールするといいでしょう」と書かれています。いざという時のために、自分を励ます言葉をもつこと、それを自分自身に言い聞かせることが「慎独」にもつながります。

＊

　立腰は、腰を立てて姿勢を正すこと。立腰教育については、教育者のバイブルと言われた『修身教授録』の著者で、哲学者の森信三（のぶぞう）氏が、その重要性を説かれています。立腰は、文字通り腰を立てることで、「正しい姿勢」を意味します。森氏は、立腰は「人間に性根を入れる極秘伝」とおっしゃっていて「この一事をわが子にしつけ得たら、親としてわが子への最大の贈り物といってよい」とまで書かれています。立腰教育の入門書では大きく分けて３つの効能があり、まず「**精神が明晰になる**」とされ、次に「**主体性が確立する**」そして「**健康になる**」と説かれています。現在では、脳の状態をさまざまな方法で解析できるようになり、良いといわれる姿勢で実際に前頭葉が活性化され、脳の働きが良くなることが分かっています。

＊

　覚悟は、「危険なこと、不利なこと、困難なことを予想して、それを受けとめる心構えをすること」「危険な状態や好ましくない結果を予想し、それに対応できるよう心構えをすること」と辞書に解説されています。仏教の世界では「悟りを開くこと」と解釈されています。

　世間一般では、覚悟は前向きな意味で使います。いよいよ本番に臨むときに、心を落ち着け気持ちを決めることを覚悟といい、決心と同じような意味で使う指導者も増えてきました。試験会場に向かう生徒さんや、初舞台に立つ役者さんのように、本番に臨む状況で「今日までに準備した全てをぶつけてやるしかない！」と覚悟を決めることは、「もうこれまでだ」とあきらめることとは違います。

　その日までに身につけた技術や体力あるいは知識や学力、そして今ある気力を振り絞って、目の前の本番に立ち向かうこと。それは、**決して誰かとの比較ではなく、自分自身との戦い**です。「今ある全てを出しきって、やるしかない！」と心を決めること。それが覚悟です。

8 ドリームサポーター

　ドリームサポーターとは、誰かの夢の実現や、目標の達成を本気でサポートする人たちのことです。自分の子ども、関わっている選手、友達、チーム、プロジェクトなどの夢や目標を心から応援する人やチームのことです。ご家庭では親御さん、学校では先生方です。

　和製英語には反対語があります。「ドリームキラー」です。知らず知らずのうちに、正論だと信じ切ってネガティブな言葉を発してしまう人たちです。「ムリ無理、何考えているの、あんたにそんなこと、できるわけないじゃん。」

　場合によっては、お父さんお母さん、お爺ちゃんお婆ちゃん、とても身近な家族の一員が「無理、無理」なんていう言葉を浴びせかけるときがあります。教育の現場で、学校の先生が「無理！」と言ってしまうときもあります。スポーツの現場でも、監督、コーチ、あるいは先輩などが、「何を考えてんだ！」と否定的な言葉を浴びせかけるときもあります。

　子育ての本をたくさん出版されている金盛浦子氏が、「小さな子どもたちの心には、悪い言葉も良い言葉も、まさに砂に吸い込まれる水のようにしみ込んでいく。その水が子供の心の幹を育てる。」と書いておられます。「『やめなさい』っていう言葉が、子供の好奇心を失う言葉である。」との記述もあります。いつも「やめなさい！」ばかり言われ続けていると、物事に対する興味や意欲のない子になってしまう。何でもかんでも「ダメ！ダメ！」「やめろ、やめろ！」と、言われて育ってきた子たちは、自分で判断することを止め、何事にも好奇心を持てなくなってしまいます。本当に危なかったら、本気の愛で制する。そうでないことは、いちいち細かくダメだと言わない。今は過保護な子が多すぎて、すべて親の思い通り以外は許されない。そんな家庭環境で育った子どもが、そのまま大人になったら、これからの世の中はどうなってしまうのでしょう。

　もしも「無理、無理」が口癖だったら、何にもやろうとしません。「やってみようっていってごらん。そうするといつかきっとできるようになるからね」それが、ドリームサポーターがかける言葉なのです。

　何かを教えるにしても、中には根気よく指導しなければならない子もいるでしょう。他とは違った工夫が必要な子もいるかも知れません。他の子とは、リズムやテンポが違う子もいるでしょう。多様な人材が輩出されてくる現在、指導する側、親や先生方の忍耐力も試されているかのようです。今、ドリームサポーターに求められているのは、「心のゆとり」なのかも知れません。

●刮目相待●

　「刮目相待（かつもくそうたい）」を辞書で調べると、「人や物事の成長や進歩を待ち望むこと。今までの目とは違った目で相手を観ること」と定義されています。誰かを指導するドリームサポーターに必要な心得です。

　この言葉の出典は「三国志演義」、原文は「士別れて三日なれば刮目して相待すべし。」ですが、日本では古くから「男子三日会わざれば刮目して見よ」という慣用句として知られています。その意味は「日々鍛錬する人が居れば、その人は3日も経つと見違える程成長しているものだ」です。三国無双にも登場する勇猛な呂蒙、しばらく見ないうちに剛力に伴う知恵を身につけていたことに驚く呉の知将魯粛に、呂蒙がいったとされる言葉です。やんちゃだった若者が知らぬ内に、立派な武将に成長していたのだから魯粛としては、「蒙ちゃん、元気～！」なんて言えなかったのでしょうね。一人の漢（おとこ）として敬意をもって相対したということでしょうか。

　同じことは、学校や家庭でも頻繁に起きる時代です。確かに職人芸が必要だったアナログの時代には、10年や20年修行を積んでも、先人には追い付けないこともあったでしょう。しかし、全てがIT化されPCが使えない人材が不要になった今、子どもの方が新しい情報を持っていたりします。親が子供にスマホの使い方を習っている姿を見たことがあります。

　その逆転現象が起きた時「しっかりと人として育てていたか否か」が大きなポイントになります。ちゃんと勉強ができる子に育てたつもりでも、人としての常識や道徳心も伴っていないと、躊躇なくかつての恩師をばかにしたり、親を軽蔑したり、友達を裏切ったりしてしまうかもしれません。学校や家庭のドリームサポーターは、目標の達成や夢の実現を応援すると同時に、人としての成長も支える大きな存在といえます。

　自分が育てた子どもたちが、最前線で活躍する姿を**「目を細めて見守る親や教師」こそがドリームサポーター**です。そして、そんなドリームサポーターにいつまでも感謝と尊敬の念をもって接する子どもを育てられたら最幸ですね。

●啐啄同時●

　啐啄同時は、「そったくどうじ」と読みます。辞書には「またとない好機のこと。学ぼうとする者と教え導く者の息が合って、相通じること。」と解説されています。

　卵の中で成長したひな鳥は、堅い殻を破って世の中に生まれ出ようとします。ひな鳥にとっては、最初の試練です。内側から懸命に殻をつつきますが、決して容易ではありません。そこに救世主が現れます。その音を聞きつけた親鳥が、外側から殻をつつき、ひな鳥を助けるのです。まさに**命がけの「ドリームサポーター」**です。

　このひな鳥が、卵の内側から殻をつつくことを「啐」と言い、その状況を察した親鳥が外側から卵をつつく行動を「啄」と表現するそうです。「啐啄同時」は、この内外、二つの行動が同時に起こることを指しています。

　「啐啄同時」は、禅の世界で、教育の心得として千年以上も前から伝えられる教えの一つです。親鳥を教え導く側、ひな鳥を学び修行する側に例えています。まだまだ孵化する準備の整っていない卵をつついて割ってしまうと、ひなになる前に死んでしまうでしょう。しかし、つつくのが遅過ぎても、ひな鳥は自力だけでは殻を破れず力尽きてしまうかもしれません。

　部活動の指導や、教育の現場でも、これと同じようなことが言えるのではないでしょうか。先生や指導者が、早く成長させてやろうと手を貸し過ぎると、過保護になったり、依存心が強くなったりして、効果が得られないだけでなく、良くない影響を及ぼしかねません。しかし、ここだというタイミングを逃してしまうと、思わぬ方向に進んでしまい、その修正や、遅れを取り戻すのに大変な苦労をすることになってしまいます。

　普段は余計な口出しをすることなく見守り、本当の壁にぶつかり本人が必要としたときに、適切な指導やアドバイスができると素敵です。そのためには、教える側も、その援助希求に応えられるだけの知識や経験はもちろん指導力も身につけておかねばなりません。

9 「認める・褒める・喜ぶ」の違い

「ただ一概に褒めるだけでは、つけあがる子がいるのですが、どうすればよいですか？そのままうぬぼれてしまって努力を怠ってしまうのです。」

さまざまな会場で出てくる質問です。「はい、その通りだと思います。」何の努力もしていないのに持っていた才能は、親から譲り受けた遺伝子やDNAのおかげかも知れません。それも掛け値なしに褒められると、勘違いしても仕方がないことだと思われます。才能や素質、持ち合わせていた能力は、**「認める」ことが大事**だと言われています。「褒める」のと「認める」のは、ニュアンスが違います。もっと違うのは、「おだてる」ですが、これはまさに勘違いの量産をする危険性が高い行為です。「おだてる」が必要な子どもや、タイミングもあるので、使い方に注意が必要です。

専門家の中には、「認める」行為も、「褒める」のある段階であると解釈されているようです。そして認められることは、人の心を豊かにする力を持つ「承認欲求」が満たされることになるとマズローなども説いています。

スポーツの世界では、褒めてもらえるのは
1. 成長のための努力をしていること
2. できなかったことができるようになろうとチャレンジしていること
3. 敗北や失敗を受け入れて改善のためのプロセスを踏んでいること
4. 人として正しい行いをしたこと

などに加えて、社会貢献をした時や、お世話になった方々にきちんと感謝を伝えた時のように、「善き行動」をしたときです。なぜならスポーツの目的は、「スポーツを通じて人として成長すること」だからです。礼節を重んじ、挨拶ができ、上を敬い、人を思いやり、夢や目標に向かって**努力することそのものが大事**です。

そして、成功した時、成就した時、できなかったことができるようになった時には、喜んで差し上げます。「褒める」のではなく「喜ぶ」のです。

大事な人に喜んでもらった時、子どもは嬉しくなります。嬉しくて、嬉しくてまた頑張ろうと思います。些細な成功でも、喜んでもらえるとモチベーションが上がります。これらの「認める」「褒める」「喜ぶ」の適切な使い分けが、指導者の役割です。確かにその内容やタイミングは、時と場合、人によって違います。それを的確に判断するのが、親や指導者の挑戦（チャレンジ）だと思います。

10 期待は両刃の剣

　ロンドン五輪とリオデジャネイロ五輪の男子器械体操総合で2連覇を果たした内村航平選手のお母さん周子さんは、講演の中で「子どもに期待はしなかった」と語られました。その瞬間、会場に集まった大勢のお母さんたちが、ざわめきました。

　「過度な期待は、子どもにとってプレッシャーになりかねません。私は、我が子を信じてサポートしました」と説明されました。リオ五輪、最後の種目である鉄棒に向かう内村航平選手に、「大丈夫、いつも通りでいいよ！」と言い続けていたそうです。

　心理学でも、過度な期待はプレッシャーとなり、等身大の受容（そのままの姿を受け入れること）と成長への信頼は励みになることは、古くから言われています。厚生労働省がまとめたパワーハラスメントのガイドブックにも、「過大な要求」が項目の一つとして取り上げられています。目の前にいる子どもの現時点での能力をはるかに逸脱した期待や要求は、容易に不安を煽ることになり、マイナス思考が始まる原因になりかねません。

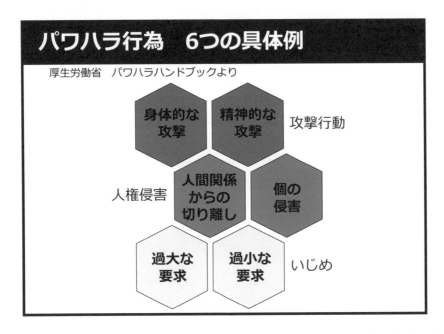

　先生や親からの過度な期待が、根底にあって「なんで、こんなこともできないの？」といった思考を胸に語ってしまうと、それは子どもに伝わってしまいます。そうすると、「自分にはできない」「何をやってもダメな子だ」といったネガティブ思考が、子どもたちの中に芽生え、自己肯定感が失われていきます。心無い言葉だけでなく、過度な期待も、本

人にとっては「ネガティブなレッテルを貼る」きっかけになりかねません。

　こうした親や指導者のネガティブな思い込みが、子どもたちの潜在能力に刷り込まれ、本当にダメになってしまうことを**ゴーレム効果**といいます。ダメな子だという思い込みが、それを口にしなくても、相手に感じ取られてしまい、その期待（思い）に反応して、現実化するというのです。「あの子はできるのに、どうしてお前はできないんだ！」といった周りとの比較も、マイナスに作用することがあります。そうした相対的評価を、水平比較といい、それによってうぬぼれるのも、落ち込むのも、本人の成長に良くない影響を与えるからです。

　それに対して、この子は必ず良くなると信じて接していると、直接言葉にしなくても、その想いが相手に伝わり、本当に良くなっていくことを**ピグマリオン効果**といいます。教育心理学では、教師期待効果と訳されています。「今の姿」をすべて受け入れ認めて、昨日より今日、そして今日より明日が、少しでも良くなるように信じてサポートするのが垂直比較です。目の前にいるお子さんの良い点を美徳として受け入れ認めることが基本になるヴァーチューズ・プロジェクトにもつながる考え方です。それぞれの個性を「徳」として受け止め、伸びると信じて接することは、「健全な期待」なのではないでしょうか。

11 キャリア教育にも柔軟性を

　ある教育関係で「プランド・ハプンスタンス理論」をご紹介したら、「これまでの学校教育での進路指導やキャリア教育を否定されるのですか」との質問がでました。「全くそんなつもりはありません。ただ、変化の時代には臨機応変に目の前の事象に対応できる柔軟性も必要だと思います。」とお答えしました。

　私が子どもの頃は、「何になりたいか」がキャリアのベースにありました。「どうなりたいか」を考えることを奨励したのは、アメリカの組織心理学者エドガー・H・シャイン博士で、キャリア・アンカー理論と言われています。シャイン博士は、「何をしたいか」という what ではなく、「どんな風に仕事をしたいか」という how の重要性を説きました。「管理者になりたい」「専門性を生かしたい」「安定性を優先したい」「社会に貢献したい」など、どうしたいかを分かりやすく分類しています。

　職業名を将来の夢に掲げる従来のキャリア教育に対して、どうなりたいかを明確にして自分の今やるべきことを考えます。できること、やりたいこと、やるべきことにフォーカスをして「どうしたいか」を考え、自分の人生設計をする方法に注目されたのは、変化や進化を続ける社会事情があるからです。20年前の主力産業が今はなくなっているように、20年後に何が世の中を席巻しているか分からないのです。

　さらに2010年を超え、**変動、不確実、複雑、曖昧（VUCA）の時代**に入りました。

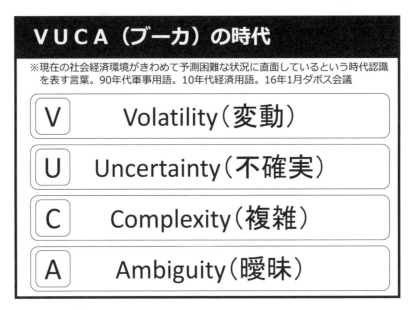

「プランド・ハプンスタンス理論」の提唱者クランボルツ教授は、学生時代に進路を決めかねテニス部の顧問をしていた教授に相談します。この方が心理学者だったことがきっかけで、彼は心理学を専攻します。現在のクランボルツ教授があるのは、この偶然の出会いによります。彼の研究では、現在の多くの成功者たちが、さまざまな偶然の出会いで地位を築いていることが分かりました。こうした偶発的な出来事が多くのキャリアに影響を与えていることから、「プランド・ハプンスタンス理論」では、その**チャンスをつかみ取る５つの行動指針**をあげています。「**好奇心、持続性、柔軟性、楽観性、冒険心**」を持つことによって、この変化が大きな激動の時代にチャンスの前髪をつかみ、キャリアを得ることができるというものです。

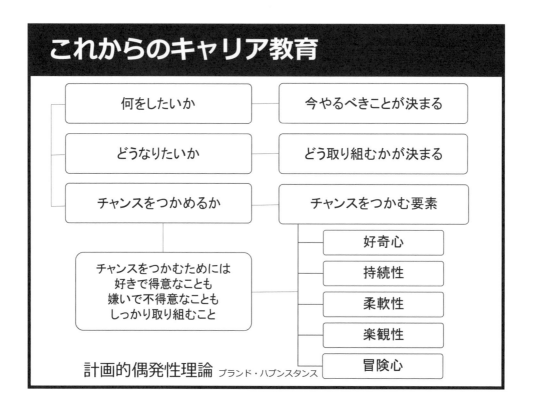

　これからのキャリア教育には、従来の「何をしたいか」に、シャイン博士の「どうなりたいか」を加え、さらに、クランボルツ教授の説く「偶然の出会いもキャリアにする」ことが必要です。何が起こるか分からない未来に向けて、何事にも好奇心やチャレンジ精神を持って取り組むことが、将来につながります。学校教育の現場では、子どもたちに「好きで得意なこと」も「嫌いで不得意なこと」もしっかり勉強することが、キャリア形成の基本であることを伝えましょう。何が起きるか分からないこそ、「する」のか「しない」のか。するしかないでしょ。全ての努力は、いつか必ず力になります。

ペップトークの歴史

　ペップトークの英語の表記は、PEPTALKとなります。最初の3文字、PEPは、「元気、活力、活気」といった意味です。それに「話す」という意味のTALKがつくと「応援演説」とか「励ましの言葉」といった意味の英単語になります。最初にPEPTALKが辞書に登場したのは1920－25年版のランダムハウス大辞典で、それまでは口語として使われていたようです。現在では、スポーツの試合前や試合中に監督やコーチが、選手を激励するためのショートスピーチのことをペップトークといいます。

　1800年代後半から1900年代の初頭、アメリカ大学スポーツが注目を浴びるようになったころは、勝利至上主義が強すぎ、人気種目であったアメリカンフットボールのフィールドは、勝つためには何でもありの無法地帯になりかけていました。相手選手にケガをさせたり、命にかかわるような事故も頻発したりしている状況を憂慮したのは、当時のセオドア・ルーズベルト大統領でした。大統領は、1905年に大学スポーツ関係者を招き、大学スポーツの改革を促して設立したのが、現在のNCAA（全米大学体育協会）の前身、IAAUS (Intercollegiate Athletic Association of the United States、合衆国大学間運動協会）でした。

　選手の命や安全を守るためのルール制定機関として始まったこの協会では、暴力や体罰と同時に、「言葉の暴力」「下品な言葉遣い」などもコントロールしようとしました。スポーツは紳士が行うものとして、指導者がスーツとネクタイを着用するようになったのもこ

のころからの傾向です。そして、「圧倒的な力を身につけ穏やかに話す」ことを良しとしたルーズベルト大統領の思いは、スポーツ界にも広がったと言われています。

　現在のNCAAは、大学スポーツの主催者のような印象がありますが、元々は安全にスポーツを行うためのルール制定機関だったのです。2018年に日本の大学スポーツ界を揺るがすような事件が起きて始めて、スポーツ庁がNCAAの研究をして提携を進めようとしたのは、日本スポーツ界の危機管理への考え方が、110年以上も遅れていると言えるのではないでしょうか？是非、早急に推し進めていただきたいと考えます。

　映画においてペップトークが注目されたのは、1940年の『KNUTE ROCKNE, ALL AMERICAN』です。大学アメリカンフットボールの映画で、コーチ役を名優パット・オブライアンが演じていますが、なんと選手役で出演しているのは若き日のロナルド・レーガン元大統領なのです。この映画の名場面に出る「ギパーのために一つ勝て！」のセリフは、レーガン大統領のキャンペーン時の演説にも、ブッシュ元大統領によるレーガンさんの追悼演説にも使われました。この映画と同じノートルダム大学の実話にもとづく映画『ルディ／涙のウイニング・ラン』でもたくさんのペップトークが出てきます。2018年にDVD化されたケビン・コスナー主演の『マクファーランド／栄光の疾走』は、高校の陸上競技部を舞台にした映画でペップトークが随所に出てきます。伝説になっている名ペップトークが含まれるのは映画『ミラクル』です。1980年のレイクプラシッド冬季五輪でアメリカのアイスホッケー代表チームのハーブ・ブルックス監督が語られたペップトークを名優カート・ラッセルが、心を込めて語っています。

第2部
生徒の心に響く言葉を磨こう「激励のショートスピーチ」

● ペップトークを作る前に

❶受容：質問力を磨いて相手の状況・心情を理解しよう

ペップトークの最初のステップは、受容。

相手の存在・想い・願望・行動・結果、今あるすべてにOKを出して、受け入れる。

そのためには、相手の状況・心情を理解し、斟酌することです。

相手をわかるための質問力を磨いていきましょう。

 ワーク 〈質問力：相手の状況・心情を聴いてあげよう〉

■ なんで、できないんだ！？	⇔ どこまで、できるかな？
■ ヤル気あるのか？	⇔ 今、君はどんな気持ちかな？
■ どうしてわからない？	⇔ わかるところまで教えてくれる？
■ どうせお前がやったんだろ？	⇔ 何があった？
■ やったことを反省しているのか？	⇔ その時はどうしようと思った？
■ もうやらないと約束したろ？	⇔ これから、どうしていこうか？
■ いつも言われているだろ？	⇔ こういう時、何て言われている？
■ 何回言われているんだ？	⇔ 先生が何を言いたいかわかるか？
■ 悔しくないのか？	⇔ ネガティブな気持ちがあれば、それも教えてくれるか？
■ やろうと思わないのか？	⇔ やり切れたら、どんな気持ちになるかな？
■ 諦めるから、できないんじゃないか？	⇔ 今、できることは何かな？

 解説 〈未来・肯定・オープン質問を心がけよう〉

質問するときのポイント

・自分の価値感で決めつけない

・未来・肯定・オープン質問で相手の言葉を引き出す

・じっと待って聴いてあげる傾聴が何より大切

● ペップトークを作る前に

❷承認：事実は１つ、解釈は無数にある

ペップトークの２ステップ目は、承認。
相手の状況・心情は、前向きなときもあれば、ネガティブなこともある。
マイナスな状況はプラスに転換し、相手の今あるものに目を向けていきます。
とらえかた変換をマスターしていきましょう。

 ワーク　〈とらえかた変換：相手のプラス・あるものに気付かせよう〉

- ■ テストなんて結果が出て最悪　　　⇔　自分の成長を試すチャンス
- ■ 部活の試合前は緊張する　　　　　⇔　緊張は、本気になった証拠
- ■ 友達との揉め事で気分が落ちる　　⇔　揉めるのは、一緒に仲良くしたい証
- ■ 大事な時に忘れ物してしまう　　　⇔　忘れ物したら、仲間に頼るキッカケ
- ■ 係り決めは面倒くさい　　　　　　⇔　面倒だと思うのは効率的にしたい想い
- ■ 防災訓練なんて意味がない　　　　⇔　命を守る大切さ・意味を知るチャンス
- ■ 合唱でうまく歌えるか不安だ　　　⇔　不安はみんなで歌う責任の表れ
- ■ 勉強と部活の両立ができない　　　⇔　両立を目指して努力してきた証
- ■ 第一志望の受験を控えて苦しい　　⇔　苦しいのは、今頑張っている
- ■ 体調管理は何していいかわからない⇔　わからないは、気づきのチャンス
- ■ 勉強についていけない焦り　　　　⇔　焦りはついていきたい気持ちの証

 解説　〈言葉を変換すれば、気分や目線が変わる〉

とらえかた変換するときのポイント
・『それは良かった、ありがとう』と脳に尋ねてみる
・『大丈夫、自分にはこれがある』と今あるものに目を向ける
・深呼吸して、自分の感情を引き離し、俯瞰して考える

● ペップトークを作る前に

❸行動：してほしいこと、成功のイメージを伝えよう！

ペップトークの3ステップ目は、行動。
相手には、してほしいこと、成功のイメージを伝えることが大切です。
私たちの脳は、肯定形・否定形を区別できず、イメージしてしまいます。
前向きな言葉、してほしい変換をマスターしていきましょう。

 ワーク　〈してほしい変換：相手のできる行動を伝えよう〉

■ ミスをするな！　　　　　　⇔　自分のベストを尽くそう！
■ ビビるな！　　　　　　　　⇔　勇気を出して、やってみよう！
■ だからできないんだ！　　　⇔　やり切ったら、気持ちがいいぞ！
■ 落ち込んだ顔ばかりするな！⇔　どんな顔になれば、最高かな？
■ 忘れ物するな！　　　　　　⇔　準備して確認してみよう
■ 返事が小さい！　　　　　　⇔　大きな声で返事をしよう
■ よそ見するな！　　　　　　⇔　こっちを見て話を聴いてほしい
■ みんなの嫌がることするな！⇔　相手の立場で気持ちを考えてほしい
■ 校則破るな！　　　　　　　⇔　何のための校則か、きづいてほしい
■ 何も考えてないな！　　　　⇔　一緒に考えていこう
■ そんなこともわからないのか！⇔　わかることから始めてみよう

 解説　〈相手のできる行動を伝えていこう〉

してほしい変換するときのポイント
・『君ならきっとできる』という気持ちを伝える
・なりたい結果より、できる行動を伝える
・目的語がイメージになるため、肯定形で伝える

● ペップトークを作る前に

❹激励：背中のひと押しは普段の信頼関係が大切！

ペップトークの4ステップ目は、激励。
相手に響く言葉は、その人によって異なります。
どんな言葉が相手に響くか、普段からのコミュニケーションと信頼関係が大切です。
相手の信頼関係を得るため、何が必要か考えましょう。

 ワーク 〈激励：信頼関係ラポールの構築のための行動は？〉

アンチラポールの要因	ラポールの要因
■ 無視する	■ 会ったら挨拶
■ けなす	■ ほめる・認める
■ 軽視する	■ 敬意を払う
■ 自分のことばかり話す	■ 関心を持つ
■ 否定する	■ 質問する
■ 批判する	■ 共感する
■ 嘘をつく	■ 誠意をもって接する
■ レスポンスが遅い	■ クイックレスポンス
■ 遠ざける	■ マメに接する
■ 敵意を示す	■ 好意を示す

 解説 〈相手との関係を築く言葉がけを〉

信頼関係構築のときのポイント
・自分がしてもらったら嬉しいことを考える
・相手のことを、見留める（認める）
・感謝の心をもって、接する

● ペップトークを作る前に

まずはあなたの指導方針を

いよいよ、新年度がスタートします。
あなたはどんなクラス運営をされますか？
そして、あなた自身の生徒指導の方針は何ですか？
それも学校目標によって、変わってくると思います。
まずは、目標や指導の方針を確認していきましょう！

あなたの学校の教育目標

所属する学年目標（分掌目標）

クラス運営の目標（担任）

生徒指導（分掌や授業含む）の方針

● ペップトークを作る前に

4つのステップで考えよう！

それでは、今からペップトークを考えていきます。
ペップトークは次の4つで構成されています。

- ❶受容（事実の受け入れ）　❷承認（とらえかた変換）
- ❸行動（してほしい変換）　❹激励（背中のひと押し）

各ページ、下の図のような形式で、考えを記入できるようにしています。
次のページから、自分の想いを整理していきましょう！

事例　課題：新年度のスピーチ・新入生（例）

ポイント
スピーチの骨子を考えよう。

〈スピーチの骨子！〉　　　　　〈考えて書いてみよう！〉

❶受容
事実の受け入れ

〈状況〉
新年度が始まった
初めての顔合わせ
知り合いもいる
知らない友達もいる

〈心情〉
これからにワクワク
どうなるか不安
先生への期待

皆さんご入学おめでとうございます。
これから始まる学校生活、希望と不安が入り混じっていると思います。

（わかる）

❷承認
とらえかた変換

〈あるもの〉
今日からがスタート
これまで学んできたこと
このクラスの一員であること

〈プラス転換〉
不安は期待の証
何にもないは
なんでもできる

これからはその気持ちをこのクラスの皆で分かち合っていくことができます。
それは、ここにいる一人ひとりがかけがえのない仲間だからです。

（できる）

❸行動
してほしい変換

〈してほしい〉
目の前のことを1つずつ
たくさん友達をつくる
仲間を大事にする
自分らしく過ごす

〈成功のイメージ〉
もっと楽しい想い出
一生懸命やり抜く
仲間と乗り越える

先生は、そんな皆に人を思いやる心を磨いてほしいと思います。

（やろう！）

❹激励
背中のひと押し

〈タイプ別〉
情熱：君たちならできる！今から始めよう
ワクワク：今日を愉しく過ごしてみよう！
安心：大丈夫！ゆっくりやっていこう！

みんなは偶然にも、先生のクラスの生徒になりました。先生もみんなと一緒に思いやる心を磨いていきたいと思います。皆で最高のクラスを作っていこう！

● ペップトークを作る前に

まずはあなた自身の気持ちを整えよう

これから学校生活では、さまざまな場面があります。
ペップトークは、励ましの言葉がけ。言葉をかける先生自身の気持ちの状態が大切です。どんな時でも自分自身を励ますセルフペップトークを作っておきましょう。
言葉にのせる想いは、先生の中から湧き出るものです。
まずは自分自身を励ます言葉がけを。

自分自身を励ますセルフペップトーク

あなたが先生になったのは、どんな想いでしたか？

あなたが先生としての最高の瞬間はどんな時ですか？

あなたが勇気をもらえる言葉は何ですか？

3・3・7拍子のセルフペップトークを作ろう

例1）できる　できる　必ずできる　　例2）本気　勇気　全力疾走！

● ペップトークを作る前に

今の状況を受け入れ、すべてにOKを

時にはネガティブな状況も起こりえます。問題はたくさんある中でも、未来をイメージしていくために必要なことは、すべてにOKを出すことです。
本気で向き合い、ここからどちらの方向へ進むか。生徒たちが進んでほしい方向へ導いていくためには、知的に冷静に言葉を選んでいく必要があります。
問題がある時こそ、アツい想いを胸に持ち、言葉と態度は冷静に。
困ったことがあれば、このワークを繰り返しましょう。

今の状況を受け止め、未来をイメージするセルフペップトーク

❶受容　〈質問〉　〈考えて書いてみよう！〉

- 事実：今、ある問題は何ですか？　課題）
- 感情：それを前に、どんな気持ちですか？　気持ち）

❷承認　もし問題が解決したら…

- 状況：あなたはどうなっていますか？　状況）
- 感情：あなたはどんな気持ちになりますか？　気持ち）

❸行動　今の時点で…

- 行動：少しでもできていることは何ですか？　できている）
- 支援：使える道具・スキルは何ですか？　道具・スキル）
- 支援：助けてくれる人は誰ですか？　人）

❹激励

- 助走：では、何から始めますか？　行動）
- 合図：始める際にどんな言葉をかけますか？　言葉）

41

● ストーリー：4月

> 課題① 新年度のスピーチ（生徒へ）
> 心に響く語りでスタートを

新年度の始まりは、出会いの日。生徒は、「うちの担任、どんな先生？」
という不安と期待でいっぱいです。ここでどんなスピーチをするかは、
今後1年間の生徒との関係を左右するかもしれません。
だからこそ、しっかり考え、この1年を成功のイメージに導くペップトークを
作ってみましょう。

ポイント
スピーチの骨子を考えよう

	〈スピーチの骨子！〉		〈考えて書いてみよう！〉
❶受容 事実の受け入れ	〈状況〉 新年度が始まった 初めての顔合わせ 知り合いもいる 知らない友達もいる	〈心情〉 これからにワクワク どうなるか不安 先生への期待	★相手はどんな状況・心情でしょうか？
❷承認 とらえかた変換	〈あるもの〉 今日からがスタート これまで学んできたこと このクラスの一員であること	〈プラス転換〉 不安は期待の証 何にもないは なんでもできる	★今あるもの、プラスな見方ができるものは？
❸行動 してほしい変換	〈してほしい〉 目の前のことを1つずつ たくさん友達をつくる 仲間を大事にする 自分らしく過ごす	〈成功のイメージ〉 もっと楽しい想い出 一生懸命やり抜く 仲間と乗り越える	★してほしいこと、成功のイメージは？
❹激励 背中のひと押し	〈タイプ別〉 情熱：今年一年全力でやり切ろう！ ワクワク：今日を愉しく過ごしていこう！ 安心：大丈夫！自分らしくやっていこう！		★あなたらしい励ましの一言は？

（わかる／できる／やろう！）

Let's try ペップトーク！
スピーチを考えよう

🏁 ゴール　生徒にどうなってもらいたいか？

いつ	どこで	誰に	目的	気持ち

〈穴埋め〉

❶受容　事実の受け入れ

はじめまして、担任の○○です。
実は僕は　　　　　　　　　　　　　　　　　　　　　　　　です。
先生だから、ということを抜きに素直にそういう性格です。

❷承認　とらえかた変換

でも、それを今、伝えたのは　　　　　　　　　　　　
という表れとして受け取ってください。
僕は等身大の自分で君たちと接したいと思っています。

❸行動　してほしい変換

だからみんなには、
　　　　　　　　　　　　　　　　　　　　　　してほしい。
それが人間関係を作り、クラスを1つにします。

❹激励　背中のひと押し

今日がスタートです。
みんなとこの1年を　　　　　　　　　　　　　　過ごせたらと思います。
1年間、よろしくお願いします。

穴埋め回答例	①なんにでも全力　②自分らしくみんなと接したい　③自分らしさを大事に　④自分らしく

⟪⟪⟪自分でトライ⟫⟫⟫

❶受容　事実の受け入れ

❷承認　とらえかた変換

❸行動　してほしい変換

❹激励　背中のひと押し

● ストーリー：4月

課題② 新年度のスピーチ（保護者へ）
成長を共に願うパートナーへ

担任を受け持って大切にしなければいけないのは、保護者との関係です。
特に、最初の挨拶で相手から見える印象は大きく変わってきます。
保護者には、自分より年齢が上、仕事のキャリアが上、さまざまな背景を
もった方がいらっしゃいます。緊張するのも当然です。
だからこそ、しっかりシナリオを考えたペップトークで心を掴みましょう！

 ポイント
スピーチの骨子を考えよう

〈スピーチの骨子！〉　〈考えて書いてみよう！〉

❶受容
事実の受け入れ

〈状況〉	〈心情〉
新年度が始まった	これからにワクワク
初めての顔合わせ	どうなるか不安
知り合いもいる	先生への期待
知らない方もいる	

★相手はどんな状況・心情でしょうか？

わかる

❷承認
とらえかた変換

〈あるもの〉	〈プラス転換〉
今日からがスタート	不安は期待の証
このクラスでともに	何にもないは
子どもを支えること	なんでもできる

★今あるもの、プラスな見方ができるものは？

できる

❸行動
してほしい変換

〈してほしい〉	〈成功のイメージ〉
目の前のことを1つずつ	1年を無事過ごす
生徒と向き合う	お互いに支え合う
コミュニケーションを取り合う	これからも続く関係になる
縁を大事にする	

★してほしいこと、成功のイメージは？

やろう！

❹激励
背中のひと押し

〈タイプ別〉
情熱：必ず成長させます！
ワクワク：明るく楽しくやりましょう。
安心：1日1日大切にやっていきます。

★あなたらしい励ましの一言は？

Let's try ペップトーク!
スピーチを考えよう

🏁 ゴール　保護者にどうなってもらいたいか？

いつ	どこで	誰に	目的	気持ち

〈穴埋め〉

❶受容　事実の受け入れ

> はじめまして、担任の○○です。
> お子様は、この学年に入り、どんな心境でしょうか？　私が見る限りですが
> ［　　　　　　　　　　　　　　　　　　　　］と思います。

❷承認　とらえかた変換

> でも、その気持ちも当然です。
> ［　　　　　　　　　　　　　　　　　　　　］という表れとして考えてください。
> 私は子どもたちとの会話を増やし、一人ひとりに向き合う担任でいたいと思います。

❸行動　してほしい変換

> ですので、皆様には、
> ［　　　　　　　　　　　　　　　　　　　　］してほしいと思います。
> 私たち大人が、足並みを揃えていきましょう。

❹激励　背中のひと押し

> この出会いもご縁です。皆様と協力し合い
> 子どもたちのために、［　　　　　　　　　　　　］過ごせたらと思います。
> 1年間、よろしくお願いします。

穴埋め回答例
①とても初々しく緊張している　②緊張しているのは、これからの日々を大切にしたい
③お子様と向き合う時間を大切に　④話し合い、子どもたちとの日々を大切に

《《自分でトライ》》

❶受容　事実の受け入れ

❷承認　とらえかた変換

❸行動　してほしい変換

❹激励　背中のひと押し

● ストーリー：4月

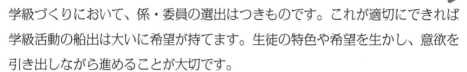

課題③ 係・委員決め
役割があることは、学級活動のエンジン

学級づくりにおいて、係・委員の選出はつきものです。これが適切にできれば学級活動の船出は大いに希望が持てます。生徒の特色や希望を生かし、意欲を引き出しながら進めることが大切です。
生徒たちが自分の存在をしっかり見つけ、何に目を向け、何を頑張るのか、その意欲をペップトークで引き出しましょう！

 ポイント
スピーチの骨子を考えよう

	〈スピーチの骨子！〉		〈考えて書いてみよう！〉
❶受容 事実の受け入れ	〈状況〉 決められた係を選択 希望をとって進める 誰もいなければ推薦	〈心情〉 めんどうくさい やりたくない やるなら楽なのがいい	★相手はどんな状況・心情でしょうか？
❷承認 とらえかた変換	〈あるもの〉 どんな係でも教えてくれる人はいる 助かる人がいる	〈プラス転換〉 めんどうは 効率的にしたい証 意見がないは 和を大切にしたい証	★今あるもの、プラスな見方ができるものは？
❸行動 してほしい変換	〈してほしい〉 自分の意思を持ってほしい しっかり考えてほしい クラスに貢献してほしい	〈成功のイメージ〉 一生懸命やり抜く みんながやる気になる 手を上げて進んでやる姿	★してほしいこと、成功のイメージは？
❹激励 背中のひと押し	〈タイプ別〉 情熱：君たちならできる！自分を信じよう！ ワクワク：楽しむ気持ちで決めていこう！ 安心：大丈夫！自分の役割を見つけよう！		★あなたらしい励ましの一言は？

〉わかる
〉できる
〉やろう！

Let's try ペップトーク!
スピーチを考えよう

🏁 ゴール　生徒にどうなってもらいたいか？

いつ	どこで	誰に	目的	気持ち

〈穴埋め〉

❶受容 事実の受け入れ
係・委員決めはクラス運営に欠かせません。
ただ時間をかけて決めることを [　　　　　　　　　　]
と思う人もいると思います。それはわかります。

❷承認 とらえかた変換
でも、なぜ時間をかけるか。それは
[　　　　　　　　　　　　　　　　　　] ということです。
それだけ重要でクラス、みんなが輝くそんな機会だと思います。

❸行動 してほしい変換
だから、みんなには、この委員決めを
[　　　　　　　　　　　　　　　　　　] と思います。
自分がやりたいこと、クラスのためになることをしていこう。

❹激励 背中のひと押し
話し合いは何度でも協議しよう。ここでは、それが大事だから。
この時間が終わったあとに [　　　　　　　　　　　　]
と前向きになることを期待してます。

穴埋め回答例
①めんどうだな　②1人1人がきちんと考えて選ぶ時間がある
③自分の意志をもって取り組んでほしい　④よし！　これからやっていこう!!

《《《自分でトライ》》》

❶受容 事実の受け入れ

❷承認 とらえかた変換

❸行動 してほしい変換

❹激励 背中のひと押し

● ストーリー：5月

課題④ 初めての定期テスト
テストは今の自分を試すチャンス

新年度が始まって2か月ほどで、初めての定期考査です。
これから1年で5〜6回。学習計画を立て、学びの習慣をつけるチャンスでもあり、生徒が自分の今のベストを出し切るチャンスでもある定期考査。
点数だけでなく、どう取り組むかが大切であり、伝えるべき内容です。
生徒の学びの心に火をつけるペップトークをしましょう！

ポイント
スピーチの骨子を考えよう

	〈スピーチの骨子！〉		〈考えて書いてみよう！〉
❶受容 事実の受け入れ	〈状況〉 初めてのテスト 年に5〜6回	〈心情〉 緊張する めんどうくさい テキトーでもいい 不安	★相手はどんな状況・心情でしょうか？
❷承認 とらえかた変換	〈あるもの〉 頑張りたい気持ち 一緒にテストを受ける クラスの仲間 授業を受けた日々	〈プラス転換〉 緊張は本気の証 面倒は うまくやりたいの証	★今あるもの、プラスな見方ができるものは？
❸行動 してほしい変換	〈してほしい〉 今の自分の全力を出す テストに集中する やりきってほしい	〈成功のイメージ〉 答案用紙が真っ黒 一生懸命な姿 仲間と乗り越える	★してほしいこと、成功のイメージは？
❹激励 背中のひと押し	〈タイプ別〉 情熱：君たちならできる！応援し合おう！ ワクワク：テストが終われば楽しみが待ってるぞ！ 安心：大丈夫！1問ずつやってみよう！		★あなたらしい励ましの一言は？

（わかる／できる／やろう！）

Let's try ペップトーク!
スピーチを考えよう

🏁 **ゴール** 生徒にどうなってもらいたいか？

いつ	どこで	誰に	目的	気持ち

〈穴埋め〉

❶受容 事実の受け入れ
いよいよテスト1週間前だな。みんなは [　　　　　　　　] という気持ちかな。その気持ちはわかる。
先生もそうだったよ。

❷承認 とらえかた変換
その気持ちは、[　　　　　　　　　　　　]の表れだ。
みんなは2か月すごくまじめに授業に取り組んだよね。それが大事。
テストはチャレンジだ。

❸行動 してほしい変換
だから、みんなには、[　　　　　　　　]
してほしいと思います。
1回目のテストだから、必要だと思う。

❹激励 背中のひと押し
大丈夫、テストは個人戦だけど、みんなで乗り越えよう！
[　　　　　　　　]
がこのクラスの持ち味だから。

穴埋め回答例	①うまくできるか不安　②全力を出したい気持ち　③答案用紙を真っ黒に　④みんなで声をかけて励まし合えること

《《《自分でトライ》》》

❶受容 事実の受け入れ

❷承認 とらえかた変換

❸行動 してほしい変換

❹激励 背中のひと押し

● ストーリー：5月

課題⑤ GW（ゴールデンウィーク）を前に 連休を有意義に過ごそう！

新しいクラスに慣れ、少しずつ環境に対応しつつある頃合いです。
　GWという長期休暇は生徒たちにとって、嬉しくもあり、ここでスイッチが変わってしまうこともあります。
　部活に遊びに勉強。何かに取り組める休みになれば、きっとその後の生活にも繋がるGWになるはずです。
　生徒が何かに取り組む気持ちになるペップトークをしましょう！

 ポイント
スピーチの骨子を考えよう

〈スピーチの骨子！〉　　　　　　　〈考えて書いてみよう！〉

❶受容
事実の受け入れ

〈状況〉	〈心情〉
長期休み	嬉しい
やることがある	ワクワク
何も予定がない	つまらない
部活に頑張る	堕落してしまいそう

★相手はどんな状況・心情でしょうか？

〔わかる〕

❷承認
とらえかた変換

〈あるもの〉	〈プラス転換〉
自分で計画出来る時間	ワクワクは想い出になる証拠
家族・友人と過ごす時間	つまらないは何かやりたい情熱
部活を一緒に過ごす仲間	

★今あるもの、プラスな見方ができるものは？

〔できる〕

❸行動
してほしい変換

〈してほしい〉	〈成功のイメージ〉
時間を大切にしてほしい	笑顔で過ごす時間
1つのことをやり遂げる	成長ができた瞬間
想い出をつくってほしい	仲間と肩を組んで乗り越える
仲間と話せる時間	

★してほしいこと、成功のイメージは？

〔やろう！〕

❹激励
背中のひと押し

〈タイプ別〉
情熱：最高のGWにしよう！
ワクワク：この時間を楽しく過ごそう！
安心：心が落ち着く時間にしよう。

★あなたらしい励ましの一言は？

Let's try ペップトーク!
スピーチを考えよう

🏁 **ゴール** 生徒にどうなってもらいたいか？

いつ	どこで	誰に	目的	気持ち

〈穴埋め〉

❶受容 事実の受け入れ
> 来週からGWだな。みんなは ［　　　　　　　］ という気持ちかな。何を取り立てて？って。GWという連休が特別だってことだ。

❷承認 とらえかた変換
> みんなが、これから過ごすGWの時間は ［　　　　　　　］ と考えてほしい。どうかな？　きっと過ごす行動が変わるはず。

❸行動 してほしい変換
> だから、みんなには、［　　　　　　　］ してほしいと思います。この時間でしかできないことだってあると先生は思う。

❹激励 背中のひと押し
> GWが明けた後に、みんなの顔が ［　　　　　　　］ であってほしい。それが成長した姿。これから過ごす、GWの時間を大切に○○日後に、会いましょう。

穴埋め回答例	①別に土日休みと変わらない　②何か１つのことをやる時間がある　③GW中にこれだけは頑張ったといえる時間に　④すがすがしい顔つき

《《《自分でトライ》》》

❶受容 事実の受け入れ
>

❷承認 とらえかた変換
>

❸行動 してほしい変換
>

❹激励 背中のひと押し
>

● ストーリー：5月

課題⑥ 家庭訪問
真摯に生徒・保護者と向き合う機会に

生徒だけでなく、保護者と深く向き合う時間となる家庭訪問。
生徒にとって、自分をさらけ出される気持ちになるものでしょう。
各家庭、それぞれの考えで生活をしています。
その是非を評価するのではなく、真摯に向き合うことが大切です。
何を伝えるか以上に、家庭の今の状況、そして生徒・保護者の想いと向き合い、
受け入れることを意識しましょう。これからの生活が円満になる言葉がけを！

 ポイント
スピーチの骨子を考えよう

〈スピーチの骨子！〉　　　　　　〈考えて書いてみよう！〉

❶受容
事実の受け入れ

〈状況〉	〈心情〉
生徒の自宅にいく	恥ずかしい
ありのまま	面倒くさい
学校とは異なる	

★相手はどんな状況・心情でしょうか？

＜わかる＞

❷承認
とらえかた変換

〈あるもの〉	〈プラス転換〉
この家で過ごしたこと	恥ずかしいは もっと良くなりたい
家族・保護者	
家、そのもの	面倒くさいは やりたいことがある

★今あるもの、プラスな見方ができるものは？

＜できる＞

❸行動
してほしい変換

〈してほしい〉	〈成功のイメージ〉
自分の大切な家族だと思ってほしい	家での時間がとても有意義である
ありのままでこれから進んでいってほしい	家庭で笑顔があふれる

★してほしいこと、成功のイメージは？

＜やろう！＞

❹激励
背中のひと押し

〈タイプ別〉
情熱：価値ある時間にしよう！
ワクワク：楽しかったといえる家庭訪問にしよう。
安心：大丈夫！ありのままで迎えよう。

★あなたらしい励ましの一言は？

Let's try ペップトーク！
スピーチを考えよう

🏁 **ゴール** 生徒にどうなってもらいたいか？

いつ	どこで	誰に	目的	気持ち

〈穴埋め〉

❶受容 事実の受け入れ
> 来週から家庭訪問が始まります。
> みんなは _____ と思っているかな。
> 先生が家庭に行くのは年にここだけ。だから、ありのままでいいんだ。

❷承認 とらえかた変換
> みんなが一番過ごしている家族との時間。その日々で何を感じているか。
> それは _____
> と先生は思います。

❸行動 してほしい変換
> だから、この家庭訪問では、
> _____
> と思います。

❹激励 背中のひと押し
> いろいろ、教えてください。この家庭訪問で1つでも多く皆を知りたい。
> 君たちが _____ 家庭訪問にしましょう。
> では、来週からよろしくお願いします。

穴埋め回答例
①僕らには関係ないけど、ちゃんとしないと　②君たちを育ててくれた素敵なものだ
③ありのままの自分を伝えてほしい　　　　　④ありのままの自分を伝えられる

《《自分でトライ》》

❶受容 事実の受け入れ

❷承認 とらえかた変換

❸行動 してほしい変換

❹激励 背中のひと押し

● ストーリー：5月

課題 ⑦ 修学旅行
体験から学び、最高の想い出にしよう

学校生活のメインイベントの1つである、修学旅行。
学校を離れて寝食を共に過ごす日々は、生徒同士だけでなく、教師と生徒との信頼関係構築にも貴重な機会です。たくさんのことを学び、体験する機会になればなるほど、伝えたいことは多くなりがちです。
一番言いたいことに絞り、生徒の修学旅行を最高なものにする
魂を揺さぶるペップトークを考えましょう。

ポイント
スピーチの骨子を考えよう

〈スピーチの骨子！〉　　〈考えて書いてみよう！〉

❶受容
事実の受け入れ

〈状況〉	〈心情〉
修学旅行がある	ワクワク
みんなで行動する	愉しみ
初めての場所もある	嬉しい
家でも学校でもない	面倒くさい

★相手はどんな状況・心情でしょうか？

わかる

❷承認
とらえかた変換

〈あるもの〉	〈プラス転換〉
一緒に行く仲間	想い出を作りたい証
サポートしてくれる先生	初めての体験は
ツアーを企画してるガイド	すべてが学びになる
旅行先の体験・食事	

★今あるもの、プラスな見方ができるものは？

できる

❸行動
してほしい変換

〈してほしい〉	〈成功のイメージ〉
学びの時間にしてほしい	みんなが笑顔で溢れる
仲間との想い出にしてほしい	体験から成長する
しっかり楽しんでほしい	生徒の絆が深まる

★してほしいこと、成功のイメージは？

やろう！

❹激励
背中のひと押し

〈タイプ別〉
情熱：全部やり切って最高の思い出にしよう。
ワクワク：楽しさが一番の修学旅行にしよう。
安心：みんながいるから安心して楽しもう！

★あなたらしい励ましの一言は？

Let's try ペップトーク!
スピーチを考えよう

🏁 ゴール 生徒にどうなってもらいたいか？

いつ	どこで	誰に	目的	気持ち

〈穴埋め〉

❶受容 事実の受け入れ
> 修学旅行が始まります。楽しみな人？（手を上げてもらう）
> ありがとう、先生もとても楽しみです。
> それは _____ です。それが修学旅行です。

❷承認 とらえかた変換
> 修学旅行での学びってどんなことでしょうか？
> それは皆が _____
> と先生は思います。初めての場所。みんなとの時間。1つ1つが特別です。

❸行動 してほしい変換
> この修学旅行は、思いっきり楽しみましょう。
> _____ してほしいと思います。
> 1人1人にとってこの修学旅行が大切な思い出になります。

❹激励 背中のひと押し
> _____
> 君たちと過ごす日々を楽しみにしてます。

穴埋め回答例
①愉しみながら、学べる時間だから　②初めての体験をすること、それが学びになる
③色んな体験をして成長　④全部やり切る修学旅行にしよう！

《《自分でトライ》》

❶受容 事実の受け入れ

❷承認 とらえかた変換

❸行動 してほしい変換

❹激励 背中のひと押し

● ストーリー：5月

課題 ⑧ 宿泊体験学習
集団の大切さを知る機会

学校において、集団は多く組織されています。クラス、委員会、部活……
どんな集団に属していても、自分でできることを見つけ、仲間と一緒に協同していくことは大切です。それを学ぶ機会として、宿泊体験学習はとても大切な要素を含んでいます。
生徒たちが今後、どんな人生においても、人を尊重し、自分を律し、主体的に行動できるように、学びの深い学習体験を迎える声がけをしましょう！

 ポイント
スピーチの骨子を考えよう

	〈スピーチの骨子！〉	〈考えて書いてみよう！〉
❶受容 事実の受け入れ	〈状況〉　〈心情〉 宿泊体験学習がある　ワクワク みんなで行動する　愉しみ 初めての場所もある　不安 家でも学校でもない　面倒くさい	★相手はどんな状況・心情でしょうか？
❷承認 とらえかた変換	〈あるもの〉　〈プラス転換〉 一緒に行く仲間　不安は、新しいことへ サポートしてくれる先生　挑戦しようとする証 学ぶための環境	★今あるもの、プラスな見方ができるものは？
❸行動 してほしい変換	〈してほしい〉　〈成功のイメージ〉 学びの時間にしてほしい　みんなが笑顔で溢れる 仲間と一緒に取り組んでほしい　体験から成長する 積極的に活動　生徒の絆が深まる 　　　　　　　　チャレンジする勇気にあふれる	★してほしいこと、成功のイメージは？
❹激励 背中のひと押し	〈タイプ別〉 情熱：お互いに声かけ合っていこう！ ワクワク：やって楽しく笑って過ごそう！ 安心：大丈夫！みんながいるからやってみよう。	★あなたらしい励ましの一言は？

（吹き出し：わかる／できる／やろう！）

Let's try ペップトーク!
スピーチを考えよう

🏁 ゴール　生徒にどうなってもらいたいか？

いつ	どこで	誰に	目的	気持ち

〈穴埋め〉

❶受容
事実の受け入れ

宿泊体験学習は、初めてみんなで寝食を共に過ごす機会です。こういう経験はめったにない。みんなはどう思ってますか？
　　　　　　　　　　　　　　　　　　　　　　　そういう気持ちもあると思います。

❷承認
とらえかた変換

みんなが、少しネガティブに思っているとしたなら、それはチャンスです。なぜなら、
　　　　　　　　　　　　　　　　　　　　と思います。
この体験をしっかり取り組むことでその不安な想いが変化します。

❸行動
してほしい変換

人は集団で日常を過ごします。誰かと関わるからこそ、いろんなことが出来る。
まずはこの体験学習で、　　　　　　　　　　　　　　
をしてほしいと思います。

❹激励
背中のひと押し

大丈夫。このクラスで、一人一人が新しいことに気づき、
　　　　　　　　　　　　　　　　　　　　そんな体験学習にしましょう。
よろしくお願いします。

| 穴埋め回答例 | ①何をするかわからないから不安だな　②その不安は新しいことへ挑戦しようとする気持ちの表れだ　③積極的にチャレンジ　④お互いに声かけあって乗りこえる！ |

《《《自分でトライ》》》

❶受容
事実の受け入れ

❷承認
とらえかた変換

❸行動
してほしい変換

❹激励
背中のひと押し

● ストーリー：6月

課題 ⑨ | **体育祭**
一致団結。結果よりどう取り組むか！

体育祭は、生徒たちの楽しみにしている行事の1つです。
運動が得意な子は自分の能力を発揮できる機会。
ただし、クラスには運動が苦手な子もいる。どんなふうにクラスがまとまり、誰もが精いっぱいに活動できる機会になるか。生徒をその気にさせるかが大切です。生徒の全力を導く魂を揺さぶるペップトークを考えましょう。

 ポイント
スピーチの骨子を考えよう

〈スピーチの骨子！〉　　　　　〈考えて書いてみよう！〉

❶受容
事実の受け入れ

〈状況〉	〈心情〉
体育祭がある	ワクワク
全員参加する	愉しみ
運動には得意不得意がある	不安、足手まとい面倒くさい

★相手はどんな状況・心情でしょうか？

（わかる）

❷承認
とらえかた変換

〈あるもの〉	〈プラス転換〉
仲間がいる	自分にも何か貢献したい証
自分ができることがある	不安になるのは仲間を思っている証
応援、運営、裏方の全てがあっての体育祭	

★今あるもの、プラスな見方ができるものは？

（できる）

❸行動
してほしい変換

〈してほしい〉	〈成功のイメージ〉
自分の全力を出す	みんなが笑顔で溢れる
仲間で支え合ってほしい	体験から成長する
役割があることを知ってほしい	生徒の絆が深まる

★してほしいこと、成功のイメージは？

（やろう！）

❹激励
背中のひと押し

〈タイプ別〉
情熱：君たちならできる！気持ちが大事！
ワクワク：この特別な日を一生の思い出にしよう。
安心：一人一人が笑顔であふれる体育祭にしよう。

★あなたらしい励ましの一言は？

Let's try ペップトーク!
スピーチを考えよう

🏁 ゴール 生徒にどうなってもらいたいか？

いつ	どこで	誰に	目的	気持ち

〈穴埋め〉

❶受容 事実の受け入れ

体育祭の準備は順調かな？
体育祭に向けて、それぞれ感じてることがあると思う。
_____ という事実は確かにある。

❷承認 とらえかた変換

けど自分が苦手って思うのと、体育祭がつまらないは、イコールじゃない。
なぜなら、体育祭は、チームでやる。_____
と考えてほしい。そう思えば行動は変わる。

❸行動 してほしい変換

お互いに支え合って、この体育祭で
_____
と思ってる。

❹激励 背中のひと押し

お互いに支え合って、体育祭を自分の精一杯を引き出してみよう。
_____
皆が同じ気持ちで過ごす時間にしよう！

穴埋め 回答例	①運動が得意とか苦手　②走るのは苦手でも、応援はできる。自分でもできることがある ③チームの一体感を感じてやり切ってほしい　④やるのは君たちの気持ち次第だ

《《《自分でトライ》》》

❶受容 事実の受け入れ

❷承認 とらえかた変換

❸行動 してほしい変換

❹激励 背中のひと押し

● ストーリー：6月

課題⑩　部活の夏の大会
お互いに応援し合う雰囲気を作ろう！

部活の夏の大会は、1つの節目となり、生徒たちの気持ちも高まります。
普段は部活間での交流がなくても、この夏の大会は、3年生にとっては最後。
どの学年であれ、お互いに励まし合い、クラスの中で応援する空気を作ること
ができれば、確実に前向きな雰囲気になります。
他の人がやっていること、それを応援できる機会として生徒たちの背中を押す
ペップトークをしましょう！

 ポイント
スピーチの骨子を考えよう

　　　　　　　　　　〈スピーチの骨子！〉　　　　　〈考えて書いてみよう！〉

❶**受容**
事実の受け入れ

〈状況〉	〈心情〉
夏の大会がある	緊張、ピリピリ
3年生にとって最後	不安
部活が盛り上がる	ドキドキ

★相手はどんな状況・心情でしょうか？

　　　　　　　　　　　　　　　　　　　　　　　　　　　　　　わかる

❷**承認**
とらえかた変換

〈あるもの〉	〈プラス転換〉
仲間がいる	自分にも何か貢献したい証
今までの練習	
頑張ってきた成果	不安になるのは仲間を思っている証
応援してくれる先生・親	

★今あるもの、プラスな見方ができるものは？

　　　　　　　　　　　　　　　　　　　　　　　　　　　　　　できる

❸**行動**
してほしい変換

〈してほしい〉	〈成功のイメージ〉
自分の全力を出す	目標を達成する
応援することが大切なこと	勝負に克つ
みんなで作る空気が相手の背中を押す	自分のベストを尽くす

★してほしいこと、成功のイメージは？

　　　　　　　　　　　　　　　　　　　　　　　　　　　　　　やろう！

❹**激励**
背中のひと押し

〈タイプ別〉
情熱：君たちならできる！
ワクワク：最後は笑顔でいこう！
安心：安心して、いっておいで！

★あなたらしい励ましの一言は？

Let's try ペップトーク!
スピーチを考えよう

🏁 ゴール　生徒にどうなってもらいたいか？

いつ	どこで	誰に	目的	気持ち

〈穴埋め〉

❶受容 事実の受け入れ
> 部活生のみんな。夏の大会が近いね。
> ３年生にとっては、最後の試合になる。みんなはどんな気持ちかな？
> ［　　　　　　　　　　　　　　　　　　］と思う。

❷承認 とらえかた変換
> 今日まで頑張って部活をしてきたことを想像してほしい。
> 苦しいことだってあった。その最後の大会だ。
> ［　　　　　　　　　　　　　　　　　］の証だよ。

❸行動 してほしい変換
> 僕は、そうやって頑張ってきたお互いを応援してほしいと思う。
> 一言でいいんだ。［　　　　　　　　　　　　　　］
> って言われるだけで、人は勇気が持てる。

❹激励 背中のひと押し
> このクラスで頑張ってきた仲間の勇姿をしっかり背中を押そう。
> それが必ず力になる。［　　　　　　　　　　　］
> みんなが全力を出せることを僕は応援します。

穴埋め回答例	①緊張するのは当然だ　　②緊張は本気で頑張ってきたこと ③お互いにベストを尽くそう！　　④君たちならできるよ

《《自分でトライ》》

❶受容 事実の受け入れ

❷承認 とらえかた変換

❸行動 してほしい変換

❹激励 背中のひと押し

● ストーリー：6月

課題⑪ 勉強と部活の両立
悩みながら、進んでいこう！

中間テスト、部活。本格化していく生活の中で、生徒たちは何度も勉強と部活の両立に悩むことでしょう。
勉強だけやったらいいのでないか。部活だけできたらいいのに。
どちらも選ぶことが自分には難しいと思うことは、自然な感情です。
難しいけど、やるのか。立ち止まるのか。
是非、生徒たちの背中を押し、前に進む言葉をかけましょう！

ポイント
スピーチの骨子を考えよう

〈スピーチの骨子！〉　〈考えて書いてみよう！〉

❶受容 事実の受け入れ

〈状況〉／〈心情〉
- 勉強がある／大変
- 部活がある／難しい
- 両方入っている／自分では無理ではないか
- 時間が2倍必要／何となくつらい

★相手はどんな状況・心情でしょうか？

（わかる）

❷承認 とらえかた変換

〈あるもの〉／〈プラス転換〉
- 頑張りたい想い
- 目の前にやっていること
- 同じような状況の友達
- 支えてくれる先生・親
- 難しいのは自分を超える機会
- 大変なのは大きく変わる機会

★今あるもの、プラスな見方ができるものは？

（できる）

❸行動 してほしい変換

〈してほしい〉／〈成功のイメージ〉
- 今できることからで良い／両立できる
- 1つずつやっていくこと／両方が愉しい！
- やることと向き合う

★してほしいこと、成功のイメージは？

（やろう！）

❹激励 背中のひと押し

〈タイプ別〉
- 情熱：君たちならできる！1歩ずつ始めよう。
- ワクワク：今日を愉しく過ごしてみよう！
- 安心：大丈夫！きっと答えは見つかる。

★あなたらしい励ましの一言は？

Let's try ペップトーク!
スピーチを考えよう

🏁 ゴール　生徒にどうなってもらいたいか？

いつ	どこで	誰に	目的	気持ち

〈穴埋め〉

❶受容 事実の受け入れ
> 勉強と部活で大変だなと思っているかな？
> 生活が本格化してきて、誰もがその悩みを持ちます。先生も
> [　　　　　　　　　　　　　　　　　　] と思ってました。

❷承認 とらえかた変換
> けど大変だって思った時に、
> それは [　　　　　　　　　　　　]
> だって気が付きました。

❸行動 してほしい変換
> 君たちの学校生活。やりたいこと、やるべきこと。
> どちらにも向き合ってみてください。
> [　　　　　　　　　　　　　　　] と先生は思っています。

❹激励 背中のひと押し
> 大丈夫です。クラスのみんなと話したり先生や保護者の方にもぜひ話しましょう。
> [　　　　　　　　　　　　　　]
> みんなで進んでいきましょう。

穴埋め回答例	①勉強と部活の両立は大変だ　　②大きく変わるチャンス ③1つずつ、できるところからやってほしい　　④両立するヒントは必ずある

《《自分でトライ》》

❶受容 事実の受け入れ

❷承認 とらえかた変換

❸行動 してほしい変換

❹激励 背中のひと押し

● ストーリー：**7月**

課題⑫ オープンキャンパス
学校見学で、未来のイメージを膨らませる！

夏休みには、オープンキャンパスに行く生徒が多くいます。
今の自分たちより少し先の未来を描くためにも、この機会はとても大切です。
高校でも大学でも、その場所で体験すること、目にするもの、感じるものや聞こえるもので自分がどうなりたいかをありありとイメージすることができます。
生徒たちのこの機会に、脳内のイメージをフル活用させるべく心に響くペップトークをしましょう！

ポイント
スピーチの骨子を考えよう

〈スピーチの骨子！〉　　　　　　　〈考えて書いてみよう！〉

❶受容
事実の受け入れ

〈状況〉	〈心情〉
行きたい学校	期待
気になっている気持ち	希望
県内・県外	ワクワク・ドキドキ
多くの選択肢	

★相手はどんな状況・心情でしょうか？

〈わかる〉

❷承認
とらえかた変換

〈あるもの〉	〈プラス転換〉
これまで勉強してきた	不安は向き合いたい証拠
応援してくれる先生・親	
先を進む先輩	大変なのは大きく変わる機会

★今あるもの、プラスな見方ができるものは？

〈できる〉

❸行動
してほしい変換

〈してほしい〉	〈成功のイメージ〉
いろんなことを感じる	この学校で勉強をしている
見て聴いて、体験してほしい	
自分がそこにいるイメージ	たくさんことを経験している

★してほしいこと、成功のイメージは？

〈やろう！〉

❹激励
背中のひと押し

〈タイプ別〉
情熱：来年はこの学校に絶対いよう。
ワクワク：楽しいイメージを大事にしよう。
安心：大丈夫！心動く体験をしよう。

★あなたらしい励ましの一言は？

Let's try ペップトーク！
スピーチを考えよう

🏁 ゴール　生徒にどうなってもらいたいか？

いつ	どこで	誰に	目的	気持ち

〈穴埋め〉

❶受容　事実の受け入れ
> この夏、オープンキャンパスに行く人。まず行こうとした気持ちがあるんだね。いざ行く時になって _____ かもしれない。

❷承認　とらえかた変換
> けどそれは、_____ と思ってください。みんなと同じように、先輩たちも実際に学校を訪れて、そして今、その場所で自分の道を進んでいます。

❸行動　してほしい変換
> これから行くオープンキャンパス。ぜひ、これだけはしてほしい。_____ そうすれば、何か自分の中に残る機会になる。

❹激励　背中のひと押し
> これから先の未来、そこに自分がいるイメージ。それが大事です。なぜなら _____ みんなの気持ちが変化する機会にしましょう。

| 穴埋め回答例 | ①ワクワクもドキドキも感じる　②自分の心が動く場所にいる素晴らしい体験だ　③そこに自分がいるイメージを創ること　④イメージは現実化します |

《自分でトライ》

❶受容　事実の受け入れ

❷承認　とらえかた変換

❸行動　してほしい変換

❹激励　背中のひと押し

● ストーリー：7月

課題⑬ 職場体験
働くことと今が繋がっていると知ろう！

職場体験では、いろんな仕事の体験を通じて、今後の人生・キャリアを考えることができます。まだまだ先のように見えて、この体験で自分が何に向いているか、何が好きなのか、逆に苦手や不得意にぶつかるかもしれません。
その全てを肯定し、良い方向へ進むには、自分で考え、自分で一歩を踏み出す勇気を持つことです。職場体験を少しでも有意義に過ごすためにも生徒のその気を引き出す、勇気づけのペップトークをしましょう！

ポイント
スピーチの骨子を考えよう

	〈スピーチの骨子！〉		〈考えて書いてみよう！〉
❶受容 事実の受け入れ	〈状況〉 働くことになる 何をするかわからない みんなバラバラ	〈心情〉 不安、ドキドキ 緊張、どうしたらいい 期待、愉しみ・ワクワク	★相手はどんな状況・心情でしょうか？
❷承認 とらえかた変換	〈あるもの〉 働く場所の上司や先輩 毎日働いている家族 サポートしてくれてる先生 一緒に頑張る仲間	〈プラス転換〉 不安は まじめにやりたい証 緊張は 何か貢献したい証	★今あるもの、プラスな見方ができるものは？ （わかる）
❸行動 してほしい変換	〈してほしい〉 働くことがどんなかを学ぶ 一生懸命やってみてほしい できることをコツコツと	〈成功のイメージ〉 働いて汗をかく やりきって 家に帰る満足感	★してほしいこと、成功のイメージは？ （できる）
❹激励 背中のひと押し	〈タイプ別〉 情熱：仕事をやり切って、満足しておいで。 ワクワク：仕事の楽しさ、見つけてみよう！ 安心：大丈夫！みんな頑張っておいで。		★あなたらしい励ましの一言は？ （やろう！）

Let's try ペップトーク!
スピーチを考えよう

🏁 **ゴール** 生徒にどうなってもらいたいか？

いつ	どこで	誰に	目的	気持ち

〈穴埋め〉

❶受容 事実の受け入れ

2日間の職場体験。みんなには、さまざまな職場に行ってもらいます。
行く前の今、みんなはどんな気持ちかな？
［　　　　　　　　　　　　　　　　　　　　　　　］という気持ちはわかります。

❷承認 とらえかた変換

けどそれは、［　　　　　　　　　　　　　　　　］と思ってください。
受け入れの職場の方は、快く迎えてくれます。
丁寧に仕事をやります。それを目にしてみんなが何を感じるかが大切です。

❸行動 してほしい変換

仕事をするということに、向き合ってください。
そして、この2日間で、みんなにできるのは
［　　　　　　　　　　　　　　　　　　　　　　］と先生は思います。

❹激励 背中のひと押し

仕事のやりがい。達成感。意味や意義。いろんなことを学べる時間です。
みんなが［　　　　　　　　　　　　　　　］
素敵な職場体験だったと言えます。ぜひ、頑張ってきてください！

穴埋め回答例	①迷惑をかけたらどうしよう　　　　②その職場に何か貢献したい気持ちの表れ ③よく聴いて見てマネしてやってみる！ことだ　　④仕事っておもしろいって気づいたら

《《《自分でトライ》》》

❶受容 事実の受け入れ

❷承認 とらえかた変換

❸行動 してほしい変換

❹激励 背中のひと押し

● ストーリー：7月

課題⑭ 夏休みの過ごし方
ひと夏で大きく成長しよう！

生徒にとって、待ちに待った夏休み。多くの宿題や毎日ある部活。家族で計画をして旅行やイベントに参加することもあるでしょう。
休みだからできる体験も生徒たちの成長には欠かせません。
この時間をどう計画するか。目の前の課題に意欲的に取り組み、自己成長できるか。限られた時間と自分のできることにしっかり向き合うため心に響くペップトークをしましょう！

 ポイント
スピーチの骨子を考えよう

	〈スピーチの骨子！〉		〈考えて書いてみよう！〉
❶受容 事実の受け入れ	〈状況〉 夏休みが始まる たくさんの課題 毎日ある部活 家族での計画	〈心情〉 期待　たのしみ 希望　ワクワク 落胆　面倒くさい	★相手はどんな状況・心情でしょうか？ （わかる）
❷承認 とらえかた変換	〈あるもの〉 計画できる時間 課題を共有する仲間 夏を一緒に過ごす 部活仲間	〈プラス転換〉 変化は成長の証 不安は期待の証 面倒くさいのは 成功のイメージがある	★今あるもの、プラスな見方ができるものは？ （できる）
❸行動 してほしい変換	〈してほしい〉 目の前のことを1つずつ 計画を行動にしていく 常にやることを考える	〈成功のイメージ〉 楽しい想い出 一生懸命やり抜く 仲間と乗り越える	★してほしいこと、成功のイメージは？ （やろう！）
❹激励 背中のひと押し	〈タイプ別〉 情熱：バーンとこの夏を乗り切ろう。 ワクワク：夏休み明け、スカッとした顔つき 安心：ホッと自分を大事にしてみよう。		★あなたらしい励ましの一言は？

Let's try ペップトーク!
スピーチを考えよう

🏁 ゴール 生徒にどうなってもらいたいか？

いつ	どこで	誰に	目的	気持ち

〈穴埋め〉

❶受容 事実の受け入れ
夏休みが始まります。長い休みには、時間がある。課題もある。部活もある。家族や友達でイベントもいくかもしれない。どうかな？
　　　　　　　　　　　　　　　　　　　がみんなの気持ちだろう。

❷承認 とらえかた変換
けどそれは、　　　　　　　　　　　　　、
と先生は考えてます。
みんなには、この時間は有意義で行動していく貴重な時間です。

❸行動 してほしい変換
この夏休み。
まずは　　　　　　　　　　　　　　　　ほしいと思います。
そうすることで、スッと行動できます。

❹激励 背中のひと押し
みんなが行動と計画を繰り返すことで夏休みは有意義になります。
新学期に　　　　　　　　　　　　　　　　
であることを愉しみにしてます。明日からしっかり生活していきましょう。

> 穴埋め回答例　①どうやって過ごそうかという漠然としたモヤモヤ　②行動することを考えればモヤモヤがスッキリする　③計画を立てて　④スカッとした表情

⟪⟪自分でトライ⟫⟫

❶受容 事実の受け入れ

❷承認 とらえかた変換

❸行動 してほしい変換

❹激励 背中のひと押し

● ストーリー：9月

課題⑮ 夏休み明け
スパッと学校モードへ

夏休みを明けたときに、久しぶりにクラスに集う生徒たちは様々な変化があります。肌の色や顔つきから、この夏の体験が彼らをどう変化させたかをしっかり受け入れましょう。
中には気持ちが落ち込み、新学期にどう向き合うかわからない子も出てきます。2学期には、文化祭や新人戦、合唱コンクールなど様々なイベントが控えています。スタートダッシュできるように、心に響くペップトークをしましょう！

 ポイント
スピーチの骨子を考えよう

	〈スピーチの骨子！〉		〈考えて書いてみよう！〉
❶受容 事実の受け入れ	〈状況〉 夏休みは終わった 新学期が始まった クラスが揃った 久しぶりに会った	〈心情〉 切り替えられない 少したるんでいる 休み気分が抜けない うわついている	★相手はどんな状況・心情でしょうか？
❷承認 とらえかた変換	〈あるもの〉 夏休みの思い出 クラスの仲間 2学期には愉しいイベント 夏休みでの成長	〈プラス転換〉 変化は成長の証 不安は期待の証 切替えられないは 愉しかった証	★今あるもの、プラスな見方ができるものは？
❸行動 してほしい変換	〈してほしい〉 目の前のことを1つずつ 夏の成長を行動へ 継続して成長を加速	〈成功のイメージ〉 もっと楽しい想い出 一生懸命やり抜く 仲間と乗り越える	★してほしいこと、成功のイメージは？
❹激励 背中のひと押し	〈タイプ別〉 情熱：成長して誰よりも強くなろう！ ワクワク：笑顔で明るく過ごそう！ 安心：今日から1つずつ確実にやろう！		★あなたらしい励ましの一言は？

わかる / できる / やろう！

Let's try ペップトーク!
スピーチを考えよう

🏁 ゴール　生徒にどうなってもらいたいか？

いつ	どこで	誰に	目的	気持ち

〈穴埋め〉

❶受容　事実の受け入れ

夏休みは、どうだったかな？　みんなの顔を見て、先生は
[　　　　　　　　　　　　　　　　　　　　　　　　　]と思ったよ。
その気持ちはわかる。でも今日から新学期だ。

❷承認　とらえかた変換

２学期には、学校生活のイベントが多い。
文化祭、合唱コンクール、部活では新人戦、それらは
[　　　　　　　　　　　　　　　　　　　　　　　　　]チャンスだと思う。

❸行動　してほしい変換

だからみんなには、
[　　　　　　　　　　　　　　　　　　　]
してほしい。

❹激励　背中のひと押し

今日から始めよう。この２学期も
[　　　　　　　　　　　　　　　　　　　　　　　　　]クラスにしよう。
よろしくお願いします。

| 穴埋め回答例 | ①楽しかった夏休みが恋しいのかな　②また新しい思い出を作る　③今日から２学期を楽しんでワクワク　④笑顔で明るく楽しい |

《自分でトライ》

❶受容　事実の受け入れ

❷承認　とらえかた変換

❸行動　してほしい変換

❹激励　背中のひと押し

● ストーリー：**9月**

課題⑯ 避難訓練
自分の身を守る意識を持ってもらおう

日本では全国各地でたくさんの災害が起こっています。
いつ自分の学校が災害に合うか、それは全く予想できません。
いつでも自分が被災者になると言えます。
避難訓練の重要性は、迅速な初動を促し、命を守ることです。
命は守られるものでなく、自分自身で守るものだと考え、生徒たちに本質を伝えましょう。命を守る訓練の前に、魂を揺さぶるペップトークをしましょう！

ポイント
スピーチの骨子を考えよう

	〈スピーチの骨子！〉	〈考えて書いてみよう！〉
❶**受容** 事実の受け入れ	〈状況〉　　〈心情〉 災害が多い　面倒くさい いつ被災するか　訓練は訓練という わからない　別物意識 事態は深刻	★相手はどんな状況・心情でしょうか？
❷**承認** とらえかた変換	〈あるもの〉　〈プラス転換〉 防災ガイド　面倒くさいのは 今は命がある　成功のイメージがある 声を掛け合う仲間　別物意識は 助かりたい想い　本物への危機感がある	★今あるもの、プラスな見方ができるものは？ わかる
❸**行動** してほしい変換	〈してほしい〉　〈成功のイメージ〉 迅速に行動　みんなのまなざしが 本気で取り組んでほしい　真剣である姿 しっかり聴く　全員がキチンと行動 　　そして迅速	★してほしいこと、成功のイメージは？ できる
❹**激励** 背中のひと押し	〈タイプ別〉 情熱：この訓練で成果を出そう！ ワクワク：この訓練の後、やって良かったとなること！ 安心：この訓練が日々の安心のベースになるから！	★あなたらしい励ましの一言は？ やろう！

Let's try ペップトーク!
スピーチを考えよう

🏁 ゴール　生徒にどうなってもらいたいか？

いつ	どこで	誰に	目的	気持ち

〈穴埋め〉

❶受容 事実の受け入れ
> 明日、防災訓練がある。今、日本では災害が多い。
> 明日、本当に災害があるかもしれない。明日、被災者になる。
> ＿＿＿＿＿＿＿＿＿＿＿＿＿＿＿＿＿＿＿＿＿気持ちになるね。

❷承認 とらえかた変換
> けどそれは、＿＿＿＿＿＿＿＿＿＿＿＿＿＿＿と先生は感じている。
> 命を守ることを考えた時、そこには本気でどう行動すべきか、というだけだと思う。
> それを明日は訓練する。

❸行動 してほしい変換
> 大切なことだよ。みんなには、＿＿＿＿＿＿＿＿＿＿＿＿＿＿＿
> しっかりやってほしい。
> その行動が、"いつかくる日"の自分を助ける。

❹激励 背中のひと押し
> 真剣に取り組もう。訓練を繰り返したことで、助かった命があるんだ。
> 僕らも＿＿＿＿＿＿＿＿＿＿＿＿＿＿＿いこう。
> 明日の避難訓練、よろしくお願いします。

穴埋め回答例	①何をどうしたらいいか不安な　②命に対してみんなが本気だ　③本気で行動し、イメージをもって　④真剣に取り組んで

《《自分でトライ》》

❶受容 事実の受け入れ

❷承認 とらえかた変換

❸行動 してほしい変換

❹激励 背中のひと押し

● ストーリー：9月

課題⑰ キャリア教育
これからのキャリアを考えること

10年先になりたい将来像が描きづらい現代です。
世の中の仕組みや環境の変化で、職業自体も昔から大きく変わっています。
生徒は将来のことを考えることすら、苦痛になってしまうこともあります。
そんな時は、目の前のことや自分の好きや得意をみつけ、努力し続けることが
これからのキャリアに繋がりやすいと考えてみましょう。生徒たちの想いに寄
り添い、やりたいことや頑張っている今を励ますペップトークをしましょう！

ポイント
スピーチの骨子を考えよう

	〈スピーチの骨子！〉		〈考えて書いてみよう！〉
❶受容 事実の受け入れ	〈状況〉 キャリアを考える 先が見えない 職業は様々ある 選択するのは生徒	〈心情〉 どうしたらいいか わからない なるようになる	★相手はどんな状況・心情でしょうか？
❷承認 とらえかた変換	〈あるもの〉 今、好きなこと 今、得意なこと	〈プラス転換〉 苦手なことは 得意になるチャンスがある 嫌いなことは 好きになる伸び代がある	★今あるもの、プラスな見方ができるものは？
❸行動 してほしい変換	〈してほしい〉 ゆっくり考えてほしい いろんなことを受け入れる前向きさがいる やってみようと考えてほしい	〈成功のイメージ〉 将来を考えるのが愉しく感じる 未来は明るいと考える	★してほしいこと、成功のイメージは？
❹激励 背中のひと押し	〈タイプ別〉 情熱：君たちの未来は、君たちが決める！ ワクワク：未来は明るく楽しいと信じてやろう！ 安心：今が未来につながってるんだ！		★あなたらしい励ましの一言は？

（わかる）（できる）（やろう！）

Let's try ペップトーク！
スピーチを考えよう

🏁 ゴール　生徒にどうなってもらいたいか？

いつ	どこで	誰に	目的	気持ち

〈穴埋め〉

❶受容 事実の受け入れ
- キャリア教育を授業で取り組むけど、みんなはどんなふうに思っているかな？
- 　　　　　　　　　　　　　
- 確かに、先生自身もそう思っていました。

❷承認 とらえかた変換
- 将来で確定されたものはない。
- 　　　　　　　　　　　　　
- と先生は思います。

❸行動 してほしい変換
- そのために、今の自分を振り返って、　　　　　　　　　　
- をしてほしいと思います。それが必ず将来に繋がります。

❹激励 背中のひと押し
- 今日は講演会で新しいことも学びます。
- 　　　　　　　　　　　　　
- どんな人生に繋がるかは、みんなが今、どれだけ考え、行動したかだと信じてます。

穴埋め回答例	①10年後なんてわからない　②だったら、何でもできる未来もありなんだ ③得意なこと、好きなこと、楽しいこと、心が動くこと　④自分の今がつながる未来をイメージしよう

《《《自分でトライ》》》

❶受容 事実の受け入れ

❷承認 とらえかた変換

❸行動 してほしい変換

❹激励 背中のひと押し

● ストーリー：10月

課題 ⑱ | **文化祭**
クラスがまとまり、やり遂げる達成感を

文化祭では、さまざまな取組があります。
出店で何かを作り、販売する。舞台で劇やダンスを披露する。教室をお化け屋敷や調べたものの展示で、来場者へ学びや驚きを与えるクラスもあります。
何に取り組むか以上に、この日に向けてクラスがどう取り組んできたか。
今日まで行動した生徒たちの成長を認めましょう。
みんなが自信を持って臨めるペップトークをしましょう！

 ポイント
スピーチの骨子を考えよう

	〈スピーチの骨子！〉	〈考えて書いてみよう！〉
❶受容 事実の受け入れ	〈状況〉　〈心情〉 文化祭がある　愉しみ　ワクワク みんなで取り組んで　不安　緊張　ドキドキ きた	★相手はどんな状況・心情でしょうか？
❷承認 とらえかた変換	〈あるもの〉　〈プラス転換〉 一緒にやってきた仲間　不安は 練習してきた日々　成功したい証 準備してきたこと・もの　緊張は 頑張ってきた証	★今あるもの、プラスな見方ができるものは？（わかる）
❸行動 してほしい変換	〈してほしい〉　〈成功のイメージ〉 当日を愉しんでほしい　みんなのまなざしが みんなでやり遂げてほしい　真剣である姿 1人1人が役割を　全員が愉しく取り組む 果たしてほしい	★してほしいこと、成功のイメージは？（できる）
❹激励 背中のひと押し	〈タイプ別〉 情熱：学校で一番楽しむクラスになろう！ ワクワク：すげーことやっちまおう！ 安心：この日はいつでも語られる思い出になるよ。	★あなたらしい励ましの一言は？（やろう！）

Let's try ペップトーク!
スピーチを考えよう

🏁 ゴール　生徒にどうなってもらいたいか？

いつ	どこで	誰に	目的	気持ち

〈穴埋め〉

❶受容　事実の受け入れ
> みんなは今、_____
> に取り組もうとしている。
> それはこれからのクラスの雰囲気を決めるかもしれない重要な課題だ。

❷承認　とらえかた変換
> そして、その課題に_____取り組もうとしているのは、
> 他ならない君たち自身だ。なぜなら、君たちは◯◯中学校◯年◯組、
> この学校で最も明るくチームワークに優れたメンバーの集まりだから。

❸行動　してほしい変換
> 君たち以外に_____
> 人間はいない。

❹激励　背中のひと押し
> そして、その答えを見つけられたとき、君たちはきっと、こう叫ぶ。
> _____

穴埋め回答例	①とても難しい課題　②勇気を持って　③答えを見つけられる　④すげぇこと、やっちまったぜ！

《自分でトライ》

❶受容　事実の受け入れ
>

❷承認　とらえかた変換
>

❸行動　してほしい変換
>

❹激励　背中のひと押し
>

● ストーリー：10月

課題 ⑲ 合唱コンクール
歌声が揃うと心に響く一体感

合唱コンクールは、学校の取組の中でもクラスの一体感を生み出す行事です。歌は人の心を豊かにし、素晴らしいハーモニーが1つになることを象徴します。練習では、さまざまなことが起こると思います。練習への意欲や男女の対立などそれまでの経過でも、どんな声かけをしていくかも先生の大切な役割です。いざ、始まる本番。今までの問題を乗り越えた生徒たちが迎えた舞台です。心からのペップトークで送り出しましょう！

 ポイント
スピーチの骨子を考えよう

	〈スピーチの骨子！〉		〈考えて書いてみよう！〉
❶受容 事実の受け入れ	〈状況〉 合唱コンクールがある みんなで取り組んできた いろんな事件があった	〈心情〉 不安 緊張　ドキドキ ネガティブ	★相手はどんな状況・心情でしょうか？
❷承認 とらえかた変換	〈あるもの〉 一緒にやってきた仲間 練習してきた日々	〈プラス転換〉 不安は 成功したい証 緊張は 頑張ってきた証	★今あるもの、プラスな見方ができるものは？　（わかる）
❸行動 してほしい変換	〈してほしい〉 合唱を愉しんでほしい みんなでやり遂げてほしい 心を届ける気持ちで歌ってほしい	〈成功のイメージ〉 みんなのまなざしが真剣である姿 全員が愉しく取り組む	★してほしいこと、成功のイメージは？　（できる）
❹激励 背中のひと押し	〈タイプ別〉 情熱：君たちの歌声が一番だ！ ワクワク：この歌を楽しんでみよう。 安心：歌と心を合わせて届けよう。		★あなたらしい励ましの一言は？　（やろう！）

Let's try ペップトーク!
スピーチを考えよう

🏁 ゴール　生徒にどうなってもらいたいか？

いつ	どこで	誰に	目的	気持ち

〈穴埋め〉

❶受容　事実の受け入れ
> 合唱コンクールがいよいよ明日です。
> 今日まで色々ありました。中心になったメンバー、そしてみんながしっかりついてきてくれました。［　　　　　　　　　　　　　　］という気持ちかな？

❷承認　とらえかた変換
> 君たちは今日までの日々、［　　　　　　　　　　　　］
> 合唱は1人1人が必要です。
> このクラス全員で1つの曲が完成します。

❸行動　してほしい変換
> 明日の合唱コンクール。
> ［　　　　　　　　　　　　］
> ことを先生は願っています。

❹激励　背中のひと押し
> 舞台に立つ前、もう一度練習を思い出そう。そして、心にこう言う。
> ［　　　　　　　　　　　　］
> みんななら、できる。

穴埋め回答例	①本番をむかえて少し緊張している　　②歌声と心を合わせてきました。 ③みんなの歌声と想いが聴いてる人に届く　　④歌声と心を合わせよう

《《自分でトライ》》

❶受容　事実の受け入れ

❷承認　とらえかた変換

❸行動　してほしい変換

❹激励　背中のひと押し

● ストーリー：10月

課題 ⑳ | **芸術鑑賞会**
本物に触れて感じる感覚を大切に

芸術鑑賞会は、個人の感覚を豊かにする活動です。絵画や舞台、音楽。その道を極めたプロの活動は生徒たちの心を揺さぶり、感性を磨いてくれます。
日常の授業とは異なる点からリフレッシュ効果も期待されますが、それ以上にここで感じたことが普段の生活に彩りを添えることを伝えましょう。
人生で感動することに出会える機会はめったにありません。
この機会を活かす、生徒の心を動かすペップトークで後押ししましょう！

 ポイント
スピーチの骨子を考えよう

	〈スピーチの骨子！〉	〈考えて書いてみよう！〉
❶**受容** 事実の受け入れ	〈状況〉／〈心情〉 芸術に触れる機会がある／期待　たのしみ 年に一度だけ／落胆　面倒くさい 今年は演劇を見る／不安　わからない	★相手はどんな状況・心情でしょうか？
		わかる
❷**承認** とらえかた変換	〈あるもの〉／〈プラス転換〉 舞台をみるという時間／面倒くさいは期待している証 プロの演者 一緒に鑑賞する仲間	★今あるもの、プラスな見方ができるものは？
		できる
❸**行動** してほしい変換	〈してほしい〉／〈成功のイメージ〉 機会を大切にしてほしい／みんなのまなざしが真剣である姿 何を感じたかを考えてほしい 何かを知れる機会だと思う	★してほしいこと、成功のイメージは？
		やろう！
❹**激励** 背中のひと押し	〈タイプ別〉 情熱：君たちなら新しい何かを見つけるよ！ ワクワク：芸術の楽しさを見つけよう。 安心：心が動く時間にしよう。	★あなたらしい励ましの一言は？

Let's try ペップトーク！
スピーチを考えよう

🏁 **ゴール** 生徒にどうなってもらいたいか？

いつ	どこで	誰に	目的	気持ち

〈穴埋め〉

❶受容 事実の受け入れ
年に一度の芸術鑑賞会です。プロの芸術に触れる機会はめったにない。
ただ、芸術ってなんだろうね？先生もそう。
　　　　　　　　　　　　　　　　　　　　　という気持ちはわかるよ。

❷承認 とらえかた変換
わからないってことは、　　　　　　　　　　　　　　　　　
だと考えてみよう。
今回がきっかけで、みんなの中で何かが変わるかもしれない。

❸行動 してほしい変換
実は、感性を磨くってそういうことだと思う。変化に気付いていく。
そのきっかけは　　　　　　　　　　
と思います。

❹激励 背中のひと押し
明日の芸術鑑賞会。
みんなにとって　　　　　　　　　　　　　　　日になると思います。
そう思って、明日、臨みましょう。

穴埋め回答例	①よくわからないな　　　②新しい感覚が見つかるキッカケ ③何事にも真剣に取り組む姿勢だ　　④新しい何かが見つかる

《《自分でトライ》》

❶受容 事実の受け入れ

❷承認 とらえかた変換

❸行動 してほしい変換

❹激励 背中のひと押し

● ストーリー：11月

課題㉑ 公開授業
自分も生徒もありのままで

公開授業の日は、多くの方が学校へ訪問されます。
そのため先生自身、よそゆきの自分でいてしまい、生徒たちにもプレッシャーを与えてしまいがちです。当然、行き届いたおもてなしも必要ですが、普段通りの生徒との距離感を見ていただき、学校のありのままを伝えることも大切です。取り繕った授業でなく、自分たちらしく。
いつものペップトークで生徒も聴衆も一緒に心を動かしましょう！

 ポイント
スピーチの骨子を考えよう

〈スピーチの骨子！〉　〈考えて書いてみよう！〉

❶受容 事実の受け入れ

〈状況〉	〈心情〉
多くの人が授業をみる	緊張　ドキドキ
普段とは違う雰囲気	不安
	焦り

★相手はどんな状況・心情でしょうか？

❷承認 とらえかた変換　　〔わかる〕

〈あるもの〉	〈プラス転換〉
いつもの教室	緊張は良く見せようという証
今までやってきた授業	不安は成功したい気持ち
先生・生徒との関係	

★今あるもの、プラスな見方ができるものは？

❸行動 してほしい変換　　〔できる〕

〈してほしい〉	〈成功のイメージ〉
ありのままの授業をする	みんなのまなざしが真剣である姿
周りの方への配慮を持った行動をしてほしい	

★してほしいこと、成功のイメージは？

❹激励 背中のひと押し　　〔やろう！〕

〈タイプ別〉
情熱：どのクラスよりも優れた授業にしよう。
ワクワク：このクラスの明るさを伝えよう。
安心：いつもの自分たちでいこう。

★あなたらしい励ましの一言は？

Let's try ペップトーク!
スピーチを考えよう

🏁 **ゴール** 生徒にどうなってもらいたいか？

いつ	どこで	誰に	目的	気持ち

〈穴埋め〉

❶受容 事実の受け入れ
今日の公開授業。たくさんの方が見学に集まっていただいています。
僕が緊張してます。みんなはどうかな？
[_____] 僕も生徒の時はそうだったよ。

❷承認 とらえかた変換
緊張してるっていうのは、[_____]
という証。今日の公開授業では、いつも通りのクラスの良いところを
感じていただければと思っています。

❸行動 してほしい変換
みんなには、[_____]
ほしいです。それが一番です。
今日来ていただいた皆さんに感謝の心で行動しよう。

❹激励 背中のひと押し
それでは、さっそく授業を始めます。最後にお願いです。
[_____]
今日は先生のフォローをみんな、よろしく！

穴埋め回答例	①いつもと違う雰囲気に緊張しているかな　②精一杯自分の良いところを出したい ③ありのままのみんなの良さを出して　④いつも通り僕を応援して下さい！

《《自分でトライ》》

❶受容 事実の受け入れ

❷承認 とらえかた変換

❸行動 してほしい変換

❹激励 背中のひと押し

● ストーリー：11月

課題㉒ 読書のすすめ
本が人生の疑似経験値を上げる

本を読む生徒が減る一方で、学校の取組として読書を進めていく活動もあります。朝読書や読書週間、読書感想文など本を読むことを勧められます。
生徒たちには本を読むことを自主的に行ってほしいと思います。
そのためには普段から、どんな言葉をかけ、生徒をその気にさせるかが大切です。相手の状況や心情をくみ取り、ペップトークをして本を読む活動を有効な時間にしましょう！

 ポイント
スピーチの骨子を考えよう

〈スピーチの骨子！〉　　　〈考えて書いてみよう！〉

❶受容
事実の受け入れ

〈状況〉	〈心情〉
本を読む活動がある	面倒くさい
生徒はあまり読まない子もいる	苦手
	わからない

★相手はどんな状況・心情でしょうか？

〔わかる〕

❷承認
とらえかた変換

〈あるもの〉	〈プラス転換〉
読書時間の確保	わからないは知るだけで成長のチャンス
図書室	
借りることは可能	

★今あるもの、プラスな見方ができるものは？

〔できる〕

❸行動
してほしい変換

〈してほしい〉	〈成功のイメージ〉
心が動く活動になる	みんなのまなざしが真剣である姿
自分のペースで良い	
本に触れるきっかけに	

★してほしいこと、成功のイメージは？

〔やろう！〕

❹激励
背中のひと押し

〈タイプ別〉
情熱：本から何か１つ学ぼう。
ワクワク：本の楽しさに気づいてみよう。
安心：本と向き合ってみよう。

★あなたらしい励ましの一言は？

Let's try ペップトーク!
スピーチを考えよう

🏁 **ゴール** 生徒にどうなってもらいたいか？

いつ	どこで	誰に	目的	気持ち

〈穴埋め〉

❶受容 事実の受け入れ
読書週間が始まりました。みんなは本を持っているね。本を読むことが何でよいか。
[　　　　　　　　　　　　　　　　　]

❷承認 とらえかた変換
でも難しいってことは、[　　　　　　　　　　　　　]
という証。本に書いていることが自分に何かを与えたり、知れたり、面白いと思わせてくれたりする。それが大切です。

❸行動 してほしい変換
みんなには、[　　　　　　　　　　　　　　　　　]
ほしいです。自分のペースでいいし、何も気にせず、自分の興味で本を選んでください。

❹激励 背中のひと押し
大切なことは、本からどんなメッセージを受け取るかだと思います。それが[　　　　　　　　　　　　　　　　　]と思うから。
この読書週間、本から何か１つを学ぼう！

穴埋め回答例	①本は難しくて苦手だと思ってる？	②それを乗り越えたり理解したら成長する
	③自分のハッとする気づきを本から見つけて	④本と向き合う時間に必要なことだ

《《自分でトライ》》

❶受容 事実の受け入れ

❷承認 とらえかた変換

❸行動 してほしい変換

❹激励 背中のひと押し

● ストーリー：12月

課題 23 期末テストの重要性
お互いに支え合おう

2学期の学期末テスト。その学年の成績が大方決まると言われる重要な場面です。生徒たちはこの2学期に多くのイベントを乗り越えてきました。
中にはイベントに必死になり、勉強がおざなりになることもあるでしょう。
しかし、そんな時だからこそ、今まで頑張ってきた仲間と一緒に勉強も切磋琢磨する最大のチャンスです。文化祭や合唱コンクールで培った一体感。
皆でこの期末テストを乗り越えるペップトークで背中を押しましょう！

 ポイント
スピーチの骨子を考えよう

〈スピーチの骨子！〉　　　〈考えて書いてみよう！〉

❶受容 事実の受け入れ

〈状況〉	〈心情〉
期末テストがある	緊張　ドキドキ
勉強が追い付いていない	不安
クラスのみんながいる	焦り

★相手はどんな状況・心情でしょうか？

（わかる）

❷承認 とらえかた変換

〈あるもの〉	〈プラス転換〉
仲間と乗り越えてきた経験	焦りはついていきたい気持ち
人間関係が深くなっている	不安はきちんとやりきりたい証

★今あるもの、プラスな見方ができるものは？

（できる）

❸行動 してほしい変換

〈してほしい〉	〈成功のイメージ〉
みんなで励まし合ってほしい	みんなのまなざしが真剣である姿
勉強もイベントも一緒に乗り越えるクラスでいてほしい	

★してほしいこと、成功のイメージは？

（やろう！）

❹激励 背中のひと押し

〈タイプ別〉
情熱：全力でやり切るテスト期間にしよう。
ワクワク：これまでと違うテスト期間にしよう。
安心：みんなでのりこえるテスト期間にしよう。

★あなたらしい励ましの一言は？

Let's try ペップトーク!
スピーチを考えよう

🏁 **ゴール**　生徒にどうなってもらいたいか？

いつ	どこで	誰に	目的	気持ち

〈穴埋め〉

❶受容 事実の受け入れ
これから2学期の学年末テスト期間に入る。
イベントが多かった2学期。少し勉強がおろそかになった人もいる。どうかな？
＿＿＿＿＿＿＿＿＿＿＿＿＿＿＿＿＿＿＿＿状況だ。

❷承認 とらえかた変換
でも君たちには、今まで培ってきた＿＿＿＿＿＿＿＿＿＿＿＿＿＿
がある。それを生かす絶好の機会だよ。みんなで励まし合って、学びを助ける。
教えることは何よりの学びになるというしね。

❸行動 してほしい変換
このテスト期間は、これまでと違う。
みんなには、ぜひ＿＿＿＿＿＿＿＿＿＿＿＿＿＿＿＿
ほしいと思ってます。

❹激励 背中のひと押し
朝学習、放課後、帰った後でもみんなで1つ決めてやり切ってみよう。
きっと＿＿＿＿＿＿＿＿＿＿＿＿＿＿＿＿＿＿＿＿になると思う。
このテスト、2学期最後のイベントにしよう。

穴埋め 回答例	①1人1人思ってることもやれてるレベルも違う　②お互いを応援して乗り越えてきた経験 ③得意な科目をお互いに教え合って　　　　　④今までと違うテスト期間

《《自分でトライ》》

❶受容 事実の受け入れ

❷承認 とらえかた変換

❸行動 してほしい変換

❹激励 背中のひと押し

● ストーリー：12月

課題24 冬休みを過ごす前に
年末・年始を無事過ごそう

年末・年始にあたる冬休みは比較的にゆったり過ごせる休みです。
クリスマスと大晦日、正月と世間では大きなイベントが続くため、色めいた環境。愉しく過ごしてほしい反面、トラブルに巻き込まれないことを意識させたいものです。また、1年の締めくくりとなる節目。
生徒たちに今日までの過ごしてきた時間を振り返ってもらい、
来年、また新しい気持ちで会える準備になるペップトークをしましょう！

ポイント
スピーチの骨子を考えよう

〈スピーチの骨子！〉　　　　　〈考えて書いてみよう！〉

❶受容 事実の受け入れ

〈状況〉　　　　〈心情〉
冬休みがある　　ワクワク
イベントが盛りだくさん　嬉しい
　　　　　　　　愉しい
　　　　　　　　期待

★相手はどんな状況・心情でしょうか？

（わかる）

❷承認 とらえかた変換

〈あるもの〉　　　〈プラス転換〉
社会が盛り上がっている　うかれているのは
家族との時間　　　　　　愉しみで仕方ない証

★今あるもの、プラスな見方ができるものは？

❸行動 してほしい変換

〈してほしい〉　　〈成功のイメージ〉
安全に過ごしてほしい　元気で3学期に会える
しっかり振り返ってほしい　思い出いっぱいの
ルールを守ってほしい　　冬休み

★してほしいこと、成功のイメージは？

（できる）

❹激励 背中のひと押し

〈タイプ別〉
情熱：成長した姿の君たちを期待する。
ワクワク：休みの後、明るく元気な姿で会おう。
安心：日々を大切に過ごそう。

★あなたらしい励ましの一言は？

（やろう！）

Let's try ペップトーク！
スピーチを考えよう

🏁 ゴール　生徒にどうなってもらいたいか？

いつ	どこで	誰に	目的	気持ち

〈穴埋め〉

❶受容　事実の受け入れ

冬休みにはクリスマス・正月とイベントが多いね。世間も盛り上がってる。
みんなはどうかな？
　　　　　　　　　　　　　　　　　　　　　　　　　当然、先生も気持ちが上がるよ。

❷承認　とらえかた変換

みんながそうなるのは、この1年を　　　　　　　　
証拠だと思う。だからこそリフレッシュも大切だ。
それと同時に、ゆっくりこの1年を振り返る時間にもなるよね。

❸行動　してほしい変換

この冬休み。イベントは安全に楽しむ。そして、新しい年を迎えるためにも
　　　　　　　　　　　　　　　　　　　　　　　　　
してほしい。そうすれば、すぐ新年だ。

❹激励　背中のひと押し

この1年、本当にみんなと過ごせてよかった。
来年の始業式に、しっかり準備できて　　　　　　　　　
な君たちに会えることを愉しみしてます。

穴埋め回答例	①うかれる気持ちはあって　　　　　　　②愉しく締めくくりたい ③ルールは守ってほしい。学校や家、法律を必ず守る休みに　　④また明るく元気

《自分でトライ》

❶受容　事実の受け入れ

❷承認　とらえかた変換

❸行動　してほしい変換

❹激励　背中のひと押し

● ストーリー：1月

課題 25 新年挨拶
年始めは前向きな未来のイメージを

新しい年を迎え、最初の挨拶。
暦では新年ですが、学校では最後の学期。締めくくりの3学期の始まりです。
3学期は10週間程度の短い学期。あっという間に過ぎてしまいます。
進級・卒業を控えた重要な学期なので、適切な働きかけを続け、クラス全員が満足できる学年末を迎えましょう。
未来をイメージさせたペップトークをしましょう！

ポイント
スピーチの骨子を考えよう

〈スピーチの骨子！〉　　　　〈考えて書いてみよう！〉

❶受容 事実の受け入れ

〈状況〉	〈心情〉
新年の始まり	そわそわ
3学期は短い	ふわふわ
重要な学期	期待
	自信

★相手はどんな状況・心情でしょうか？

〈わかる〉

❷承認 とらえかた変換

〈あるもの〉	〈プラス転換〉
冬休みを超えた経験	そわそわするのは
3学期を迎えた気持ち	3学期への期待の証

★今あるもの、プラスな見方ができるものは？

〈できる〉

❸行動 してほしい変換

〈してほしい〉	〈成功のイメージ〉
最後の学期を走りぬけてほしい	クラスが解散した時にやり切った表情
	スタートダッシュができた行動

★してほしいこと、成功のイメージは？

〈やろう！〉

❹激励 背中のひと押し

〈タイプ別〉
情熱：このクラスは最高だった！
ワクワク：3学期を笑顔で過ごそう！
安心：最後の学期も毎日を大切にしよう！

★あなたらしい励ましの一言は？

Let's try ペップトーク!
スピーチを考えよう

🏁 ゴール　生徒にどうなってもらいたいか？

いつ	どこで	誰に	目的	気持ち

〈穴埋め〉

❶受容　事実の受け入れ

新年明けましておめでとう。今年もよろしく。1年の計は元旦にあり、というくらい、始まりは大切。みんなはどう感じてるかな？
［　　　　　　　　　　　　　　　　　　　　　　　　　　　　］もあるよね。

❷承認　とらえかた変換

暦では新年だけれども、［　　　　　　　　　　　　　　］というのは、しっかり知ってほしい。約10週という短い学期なんだ。それだけ時間は濃密にされてる。

❸行動　してほしい変換

最後の学期。このクラス、この学年の集大成。
みんなには、［　　　　　　　　　　　　　　　　　　　］してほしい。それで最後まで駆け抜けよう。

❹激励　背中のひと押し

3月にはクラス解散式だ。その時、絶対こう言おう。
［　　　　　　　　　　　　　　　　　　　　　　　］それが言えるクラスでありたい。
あと3か月、よろしくお願いします。

穴埋め 回答例	①特別、何も感じないこと　　②3学期は締めくくりの学期 ③1日1日を大切に　　　　　　④このクラスで本当に最高だった

《《自分でトライ》》

❶受容　事実の受け入れ

❷承認　とらえかた変換

❸行動　してほしい変換

❹激励　背中のひと押し

● ストーリー：1月

課題 26 健康管理
体調管理は大人への第一歩

インフルエンザや風邪が流行する季節。
体調がおかしいと思いつつ、登校する生徒もいます。
自分の体のことは、何より自分が一番知っているはずです。
いつまでも親や大人に言われていては、子どものまま。今の自分に何が必要か。
栄養・睡眠・運動とバランスを取りながら、休むことやコンディションを整え
体調を維持する行動は、声がけで意識させましょう。
生徒の成長を促すペップトークをしましょう！

ポイント
スピーチの骨子を考えよう

〈スピーチの骨子！〉　　　〈考えて書いてみよう！〉

❶受容
事実の受け入れ

〈状況〉　　　　〈心情〉
風邪が流行　　　不安
体調が悪い人もいる　動揺
　　　　　　　　わからない

★相手はどんな状況・心情でしょうか？

わかる

❷承認
とらえかた変換

〈あるもの〉　　〈プラス転換〉
体調を整える知識　動揺するのは
予防する道具　　　何かした方がいいと
食事や睡眠をとる環境　いう気付きがある証

★今あるもの、プラスな見方ができるものは？

できる

❸行動
してほしい変換

〈してほしい〉　〈成功のイメージ〉
自分の体調は自分で守る　元気で過ごす
何が必要か気づく　　　　予防を意識した行動
誰かにお願いや助け
を求める

★してほしいこと、成功のイメージは？

やろう！

❹激励
背中のひと押し

〈タイプ別〉
情熱：体調を整えて、皆勤賞だ！
ワクワク：この季節を越えて、春を迎えよう。
安心：できることからやっていこう。

★あなたらしい励ましの一言は？

Let's try ペップトーク!
スピーチを考えよう

🏁 ゴール　生徒にどうなってもらいたいか？

いつ	どこで	誰に	目的	気持ち

〈穴埋め〉

❶受容 事実の受け入れ

最近、寒くなり風邪が流行っています。みんなは体調管理をしているかな？
_____ と思ってる？
確かに、そう思うかもしれないね。

❷承認 とらえかた変換

みんなが、そう思うのは
_____ という証だ。
君たちはもう大人だ。自分のことは自分が一番わかる。そうであってほしい。

❸行動 してほしい変換

だからこそ、少し行動に移していこう。
具体的には _____ をするといい。
栄養・睡眠・運動も意識してな。

❹激励 背中のひと押し

自分の体調が良い状態を知ることは、今後必ず強みになる。
君たちはもう一人前の大人だと先生は思っている。
_____

穴埋め回答例	①体調なんてなるようにしかならない　②何か自分からすれば何とかできる　③手洗い・うがい　④この季節を乗り越えて、春を迎えよう。

《《《自分でトライ》》》

❶受容 事実の受け入れ

❷承認 とらえかた変換

❸行動 してほしい変換

❹激励 背中のひと押し

● ストーリー：1月

課題 ㉗ | 受験に向けて
志望校へ向けて全力を尽くそう

受験をする生徒にとって、これが一生を決めるものだと考えてしまいます。当然、大きな分岐点であることは事実です。しかし、それが全てではありません。人生の選択肢を増やすための試験。生徒たちが今まで頑張ってきたこと、この試験に今の自分のベストが出せること。
今できることに目を向け、どんな結果も受け止める覚悟。
想いをもって、ペップトークしましょう！

 ポイント
スピーチの骨子を考えよう

	〈スピーチの骨子！〉	〈考えて書いてみよう！〉
❶受容 事実の受け入れ	〈状況〉 志望校の試験／多くの人が受験　〈心情〉 不安／緊張／ダメだったらというネガティブな感情	★相手はどんな状況・心情でしょうか？
❷承認 とらえかた変換	〈あるもの〉 これまで勉強してきた／精一杯やりたい気持ち／支えてくれた親／一緒に頑張ってきた仲間　〈プラス転換〉 緊張は、本気の証拠／不安は、やりきりたい気持ちの表れ	★今あるもの、プラスな見方ができるものは？（わかる）
❸行動 してほしい変換	〈してほしい〉 今できるベストを尽くす／行動に目を向けていく　〈成功のイメージ〉 やり切ったという満足感／これが自分だという自信	★してほしいこと、成功のイメージは？（できる）
❹激励 背中のひと押し	〈タイプ別〉 情熱：君たちならできる！／ワクワク：帰ってきたら、おいしいもの食べにいこう。／安心：大丈夫！やれるだけやっておいで。	★あなたらしい励ましのひと言は？（やろう！）

Let's try ペップトーク!
スピーチを考えよう

🏁 **ゴール** 生徒にどうなってもらいたいか？

いつ	どこで	誰に	目的	気持ち

〈穴埋め〉

❶受容 事実の受け入れ
> いよいよ受験です。ここまで本当によく頑張った。それは君たちの人生の財産です。今はいろんな想いがあるよね。
> ＿＿＿＿＿＿＿＿＿＿＿＿＿＿＿＿＿＿＿＿＿＿＿＿ 先生もそうだった。

❷承認 とらえかた変換
> みんなが、そう思うのは ＿＿＿＿＿＿＿＿＿＿＿＿＿＿＿ という証だ。
> この試験は君たちの人生の分岐点だが、終着点じゃない。
> ここから始まりだ。

❸行動 してほしい変換
> だからこそ、今、みんなができることは、
> ＿＿＿＿＿＿＿＿＿＿＿＿＿＿＿＿＿＿＿＿ それに尽きる。
> 今日までそうやって頑張ってきたんだから。

❹激励 背中のひと押し
> 大丈夫。みんながやり切って、
> ＿＿＿＿＿＿＿＿＿＿＿＿＿＿＿＿＿＿＿＿ を願っています。
> 自信を持って、いってらっしゃい！！

穴埋め回答例
①本当に大丈夫だろうかと不安もある　②自分の全力を出しきりたい
③目の前のことを１つずつやるだけだ　④自分は頑張ったんだと胸張って帰ってくること

《《《自分でトライ》》》

❶受容 事実の受け入れ

❷承認 とらえかた変換

❸行動 してほしい変換

❹激励 背中のひと押し

● ストーリー：2月

課題 28 清掃活動
大切な場所を感謝の心で綺麗にしよう

自分の学校を自分の手で綺麗にすることは、日本特有の文化です。
5S（整理・整頓・清掃・清潔・躾）の考えは、ビジネスにおいても重要であり、生徒がこの活動に注力するかは今後の人生のベースになっていきます。
何よりも、自分の今いる場所に感謝をし、いつまでも丁寧に大切に使うという心を磨くことになります。
大切な教えに、想いを込めたペップトークで伝えましょう！

ポイント
スピーチの骨子を考えよう

	〈スピーチの骨子！〉		〈考えて書いてみよう！〉
❶受容 事実の受け入れ	〈状況〉 清掃強化週間がある 皆で取り組む 自分たちで綺麗にする	〈心情〉 面倒くさい なんでやるのか 寒いし、だるい	★相手はどんな状況・心情でしょうか？ （わかる）
❷承認 とらえかた変換	〈あるもの〉 キレイする道具 一緒に取り組む仲間 指導してくれる先生	〈プラス転換〉 面倒くさいは 効率的にやりたい証	★今あるもの、プラスな見方ができるものは？ （できる）
❸行動 してほしい変換	〈してほしい〉 自分の使った場所を大切にする心をもってほしい 掃除に取り組むことで5Sを知ってほしい	〈成功のイメージ〉 やり切ったという満足感 キレイになる 爽快感	★してほしいこと、成功のイメージは？ （やろう！）
❹激励 背中のひと押し	〈タイプ別〉 情熱：床をピカピカにするのがゴールだ！ ワクワク：やり切ったら、スカッとするぞ！ 安心：みんなでやればすぐだ！		★あなたらしい励ましの一言は？

Let's try ペップトーク!
スピーチを考えよう

🏁 ゴール　生徒にどうなってもらいたいか？

いつ	どこで	誰に	目的	気持ち

〈穴埋め〉

❶受容　事実の受け入れ

今週は清掃強化週間です。掃除をやることは、大切な教えがあります。
皆はどんな思いで掃除してるかな？
[　　　　　　　　　　　　　　　　　　　　　　] そう思うのもわかるよ

❷承認　とらえかた変換

みんなが、そう思うのは [　　　　　　　　　]
という証だ。
掃除することは、大切にするっていう気持ちを磨くことになると先生は思ってます。

❸行動　してほしい変換

だからこそ、みんなには、この1週間
[　　　　　　　　　　　　　　　　　　　　] ほしいです。
これを習慣にすれば、必ず大人になって役に立つ。

❹激励　背中のひと押し

先生もやるよ！　掃除は大得意だ。掃除をした後の爽快感が好きでね。
みんなにも [　　　　　　　　　　　　　] 気持ちになってもらいたい。
まずは1週間、一緒に頑張ろう!!

穴埋め回答例	①自分が頑張っても意味ないのでは？　②本当はどんな意味があるか理解したい ③自分の気持ちを込めて掃除に取り組んで　④掃除してスカッとした

⟪⟪自分でトライ⟫⟫

❶受容　事実の受け入れ

❷承認　とらえかた変換

❸行動　してほしい変換

❹激励　背中のひと押し

● ストーリー：2月

課題29 学年末テスト
学習の集大成を完結させよう

学習の総仕上げである学年末テスト。1年間を振り返っていく機会になります。
テスト範囲の量に、早々と諦めを決める生徒も出てきそうなものです。
テストに向けて、緊張感、時間をかけた準備、粘り強い取り組みなどの大切さを語りましょう。
今年度の集大成が、必ず来年度に繋がっていきます。
学年末テストを乗り越えるペップトークで背中を押しましょう！

ポイント
スピーチの骨子を考えよう

	〈スピーチの骨子！〉		〈考えて書いてみよう！〉
❶受容 事実の受け入れ	〈状況〉 学年末テストがある 量が多くて勉強が追い付いていない クラスのみんながいる	〈心情〉 緊張　ドキドキ 不安 焦り	★相手はどんな状況・心情でしょうか？
❷承認 とらえかた変換	〈あるもの〉 仲間と乗り越えてきた経験 今まで勉強してきた	〈プラス転換〉 焦りは ついていきたい気持ち 不安は きちんとやりきりたい証	★今あるもの、プラスな見方ができるものは？（わかる）
❸行動 してほしい変換	〈してほしい〉 今年1年の学習を振り返ってほしい	〈成功のイメージ〉 みんなのまなざしが真剣である姿 テストが終わってハイタッチ！	★してほしいこと、成功のイメージは？（できる）
❹激励 背中のひと押し	〈タイプ別〉 情熱：わかる！とける！とにかくうめる！ ワクワク：そうか！やばい！意外とできる！ 安心：OK！OK！ここまでできた！		★あなたらしい励ましの一言は？（やろう！）

 Let's try ペップトーク!
スピーチを考えよう

🏁 ゴール　生徒にどうなってもらいたいか？

いつ	どこで	誰に	目的	気持ち

〈穴埋め〉

❶受容 事実の受け入れ
さあ、最後のテストまで後10日。今回は学年の総仕上げ。当然、量が多い。
それだけ見ると、　　　　　　　　　　　　　　　　　　　気持ちになるかな。
それは確かにそうだね。

❷承認 とらえかた変換
でも君たちには、今まで培ってきた　　　　　　　　　　　　
がある。それを発揮する機会なんだ。
入念な準備をして、最後のテストで自分の今までの学習を振り返ろう。

❸行動 してほしい変換
もうスイッチが入ってるね。
　　　　　　　　　　　　　　　　　をしていこう。
1つずつ積み上げてきた1年。君たちの本気がここで発揮される。

❹激励 背中のひと押し
このテストが、来年度の君たちの学習に繋がる。
このテスト乗り越えるために　　　　　　　　　　　　　　
と声をかけ合っていこう。先生も全力でサポートするよ！

穴埋め回答例	①全部できるか焦る　　　　②最後までやりきる経験 ③1日1つずつふり返って勉強　　④わかる！　とける！　とにかく、うめる！

《《自分でトライ》》

❶受容 事実の受け入れ

❷承認 とらえかた変換

❸行動 してほしい変換

❹激励 背中のひと押し

● ストーリー：3月

課題30　卒業式
旅立つ生徒たちには想いの丈を伝えよう

3年間の学校生活を終える生徒たち。
たくさんの思い出をもって、学校から次のステージに旅立っていきます。
生徒にとっての3年間はどんなものだったのでしょうか？
全ての日々が特別であり、何1つとして無駄なものはなかったと思います。
いつか生徒たちが、やっぱりここにいて、よかったと感じるためにも、
今の生徒たちに、想いのこもった言葉を選んで、ペップトークしましょう！

 ポイント
スピーチの骨子を考えよう

	〈スピーチの骨子！〉	〈考えて書いてみよう！〉
❶**受容** 事実の受け入れ	〈状況〉　　〈心情〉 卒業する　　ワクワク 皆と別れる　達成感 新しいステージへ　やり切った 　　　　　　寂しさ	★相手はどんな状況・心情でしょうか？
❷**承認** とらえかた変換	〈あるもの〉　〈プラス転換〉 たくさんの思い出　寂しさは 仲間との時間　　今までが充実していた 先生や親への想い　証拠	★今あるもの、プラスな見方ができるものは？（わかる）
❸**行動** してほしい変換	〈してほしい〉　〈成功のイメージ〉 自信を持って次へ進む　笑顔でここで 自分らしく進んでほしい　ここで良かったと 　　　　　　　言い合える	★してほしいこと、成功のイメージは？（できる）
❹**激励** 背中のひと押し	〈タイプ別〉 情熱：君たちの道をまっすぐ進め！ ワクワク：進んだ先は楽しいことがまっている！ 安心：これからも君たちらしく進め！	★あなたらしい励ましの一言は？（やろう！）

Let's try ペップトーク!
スピーチを考えよう

🏁 **ゴール** 生徒にどうなってもらいたいか？

いつ	どこで	誰に	目的	気持ち

〈穴埋め〉

❶受容 事実の受け入れ
> 卒業、おめでとう。今日までの3年間。みんなにとっては、どんな日々だったかな。
> [　　　　　　　　　　　　　　　　　　　]
> そんなふうに過ごした日々。それは確かだ。

❷承認 とらえかた変換
> 君たちの3年間は、[　　　　　　　　　　　　　　　]
> だったと思う。
> 周りに仲間がいて、みんなと一緒に過ごせたことがとても嬉しかった。

❸行動 してほしい変換
> これから先の人生で
> [　　　　　　　　　　　　　　　　　　　　　　　] いってください。
> みんななら、絶対できる。そう信じてます。

❹激励 背中のひと押し
> このスピーチが最後になるのは寂しい。けど、最後はこの言葉を贈ります。
> [　　　　　　　　　　　　　　　　　　　]
> 出会えてよかった。本当にありがとう。そして、卒業おめでとう。

穴埋め回答例
①つらくて、大変で、笑って、泣いて色んな気持ちを経験した　　②全力でまっすぐ走り抜けた日々
③またたくさんの想いでまっすぐ成長して　　④まっすぐ成長し、優しい心の君たちを誇りに思う

《《《自分でトライ》》》

❶受容 事実の受け入れ

❷承認 とらえかた変換

❸行動 してほしい変換

❹激励 背中のひと押し

● ストーリー：3月

課題 31 | **クラス解散式**
生徒たちには想いの丈を伝えよう

1年間、同じクラスで過ごした生徒たちの解散式。
来年度は違うクラスになり、この1年が終わります。
また会えるとわかっていても、同じ空間にいた日々は特別であり、戻ってこない。当たり前がとてもありがたい日々だと終わりになって気付くものです。
生徒たちには、変化する当たり前に気づき、次に進む勇気を持ってもらいましょう。生徒たちが今一番必要な言葉を選んで、ペップトークしましょう！

ポイント
スピーチの骨子を考えよう

〈スピーチの骨子！〉　　　　　〈考えて書いてみよう！〉

❶受容
事実の受け入れ

〈状況〉	〈心情〉
進級する	ワクワク
皆と別れる	達成感
新しい学年へ	やり切った
	寂しさ

★相手はどんな状況・心情でしょうか？

（わかる）

❷承認
とらえかた変換

〈あるもの〉	〈プラス転換〉
たくさんの思い出	寂しさは
仲間との時間	今までが充実していた
先生や親への想い	証拠

★今あるもの、プラスな見方ができるものは？

（できる）

❸行動
してほしい変換

〈してほしい〉	〈成功のイメージ〉
自信を持って次へ進む	笑顔で
自分らしく進んでほしい	ここで良かったと言い合える

★してほしいこと、成功のイメージは？

（やろう！）

❹激励
背中のひと押し

〈タイプ別〉
情熱：これからの君たちの成長に期待している！
ワクワク：楽しいクラスだった、乾杯！
安心：ありがとう、君たちは僕の誇りだ！

★あなたらしい励ましの一言は？

 **Let's try ペップトーク！**
スピーチを考えよう

🏁 **ゴール** 生徒にどうなってもらいたいか？

いつ	どこで	誰に	目的	気持ち

〈穴埋め〉

❶受容 事実の受け入れ

進級おめでとう。今日でこのクラスも終わり。本当にいろんなことがあったね。
[＿＿＿＿＿＿＿＿＿＿＿＿＿＿＿＿]
そんなふうに過ごしてきました。

❷承認 とらえかた変換

この1年間は、大変だった。それって [＿＿＿＿＿＿＿＿＿＿] ってことだと思う。
このメンバーで、みんなと一緒だから乗り越えてこれたと思ってます。

❸行動 してほしい変換

次の学年になっても、このクラスで学んだ
[＿＿＿＿＿＿＿＿＿＿＿＿＿＿＿＿＿＿＿] でいてください。
みんななら、絶対できる。そう信じてます。

❹激励 背中のひと押し

このスピーチが最後になるのは寂しい。けど、最後はこの言葉を贈ります。
[＿＿＿＿＿＿＿＿＿＿＿＿＿＿＿＿＿＿＿＿]
一緒に過ごせて本当によかった。本当にありがとう。そして、進級おめでとう。

穴埋め 回答例	①たくさん言い合って色んな行事を精一杯やり切った　②1人1人が大きく変わって成長できた　③どんなことにも全力で取り組む姿勢　④ Today is the best. Tommorrow is better. 明日、今日より素敵で成長する君たちでいて下さい。

《《自分でトライ》》

❶受容 事実の受け入れ

❷承認 とらえかた変換

❸行動 してほしい変換

❹激励 背中のひと押し

● ストーリー：部活編

課題 チーム結成
これからスタートするみんなへ

3年生の引退と共に、2年生・1年生の代に変わります。
スタートの日に何をどう言うかは、とても重要です。どんな部活動でもスタートの日があります。ここからの日々、何を目指し、何を感じ、仲間とどう過ごすかによって、自分の成長は変わっていきます。
始めの一歩。どんな言葉をかけるか。
最高のペップトークでスタートしましょう！

 ポイント
スピーチの骨子を考えよう

質問に答えてみよう

〈質問〉　〈考えて書いてみよう！〉

❶**受容**
事実の受け入れ

- 状況：相手はどんな状況ですか？
- 感情：相手はどんな心の状態ですか？
- 共感：あなたが相手の立場なら、共感できることは何でしょうか？

★相手はどんな状況・心情でしょうか？

❷**承認**
とらえかた変換

- 機転：相手がこの状況を乗り越えるのに必要な気づきは何でしょうか？
- 逆転：発想の転換ができることは？
- 承認：相手に今、あるもの、できていることは何でしょうか？

★今あるもの、プラスな見方ができるものは？

❸**行動**
してほしい変換

- 行動：相手にしてほしいことは何でしょうか？
- ネガポジ：言葉はポジティブですか？
- アクション：言葉は相手のできる行動・成功のイメージを伝えていますか？

★してほしいこと、成功のイメージは？

❹**激励**
背中のひと押し

- 激励：最後に何と言って送り出しますか？
- 関係：いつも言っている言葉は何ですか？
- 斟酌：相手が今、一番言ってほしい言葉は何でしょうか？

★あなたらしい励ましの一言は？

Let's try ペップトーク!
スピーチを考えよう

🏁 ゴール　生徒にどうなってもらいたいか？

いつ	どこで	誰に	目的	気持ち

〈穴埋め〉

❶受容　事実の受け入れ
> 今日から新チームのスタート。みんなはどんな気持ちかな。3年生はもういない。
> ＿＿＿＿＿＿＿＿＿＿
> そんな気持ちがあるのも、わかるよ。

❷承認　とらえかた変換
> その気持ちを、これからは、＿＿＿＿＿＿＿＿＿＿
> に変えていこう。君たちが走り切るこの1年は、君たちの時間だ。
> 隣には、仲間がいるんだ。

❸行動　してほしい変換
> だから、自信を持って、君たちには
> ＿＿＿＿＿＿＿＿＿＿　続けてほしい。
> それが1日1日の日々で成長を感じる証になる。

❹激励　背中のひと押し
> ここから始めよう。
> 今、ここにいる現時点から、どこまでいけるか ＿＿＿＿＿
> この言葉がチームの合言葉だ。これから、一緒に上がっていこう。

穴埋め回答例
①自分たちでやっていけるか不安　　②本気で取り組む覚悟
③いつも自分に本気か？全力か？と問い　　④本気と全力

《《自分でトライ》》

❶受容　事実の受け入れ

❷承認　とらえかた変換

❸行動　してほしい変換

❹激励　背中のひと押し

● ストーリー：部活編

課題 ㉝ 合宿前
きつくてつらい時にこそ、励ましを！

厳しい夏の暑さ。部活では合宿や遠征。日々の練習でも中だるみも出てきます。
何より、厳しく辛い時に、どれだけ声をかけ合えるかで、その時間の成長が変わってくるものです。
そう思っていても、言葉にするものがネガティブになりがち。
身体の疲れが心の疲れにならないように、心のエネルギーをペップトークで補充しながら、合宿や厳しい練習を乗り越えていきましょう！

ポイント
スピーチの骨子を考えよう

質問に答えてみよう

〈質問〉　〈考えて書いてみよう！〉

❶受容
事実の受け入れ

- 状況：相手はどんな状況ですか？
- 感情：相手はどんな心の状態ですか？
- 共感：あなたが相手の立場なら、共感できることは何でしょうか？

★相手はどんな状況・心情でしょうか？

❷承認
とらえかた変換

- 機転：相手がこの状況を乗り越えるのに必要な気づきは何でしょうか？
- 逆転：発想の転換ができることは？
- 承認：相手に今、あるもの、できていることは何でしょうか？

★今あるもの、プラスな見方ができるものは？

❸行動
してほしい変換

- 行動：相手にしてほしいことは何でしょうか？
- ネガポジ：言葉はポジティブですか？
- アクション：言葉は相手のできる行動・成功のイメージを伝えていますか？

★してほしいこと、成功のイメージは？

❹激励
背中のひと押し

- 激励：最後に何と言って送り出しますか？
- 関係：いつも言っている言葉は何ですか？
- 斟酌：相手が今、一番言ってほしい言葉は何でしょうか？

★あなたらしい励ましの一言は？

Let's try ペップトーク!
スピーチを考えよう

🏁 **ゴール** 生徒にどうなってもらいたいか？

いつ	どこで	誰に	目的	気持ち

〈穴埋め〉

❶受容 事実の受け入れ
明日から合宿だ。この夏休み、一番厳しい練習がこれから始まる。どうだ？
[　　　　　　　　　　　]
そういう気持ちもあって当然だ。

❷承認 とらえかた変換
辛くて厳しい先にあるものは、[　　　　　　　　　　　]
君たちには、一緒に頑張る仲間。応援してくれる家族や先輩がいる。
気持ちがあるから、今ここにいるんだ。

❸行動 してほしい変換
だから、この合宿では [　　　　　　　　　　　]
ほしい。やり切った後に、必ず
君たちの中に残るものがある、そう思う。

❹激励 背中のひと押し
この夏一番の練習をこの夏一番の気持ちで乗り切ろう。
[　　　　　　　　　　　]
この言葉をみんなでかけ合って、乗り越えていこう！

| 穴埋め回答例 | ①やり切れるかわからない　②今より成長している自分だけだ　③1つ1つの行動を考えて　④レッツ シンク！（Let's think!） |

《自分でトライ》

❶受容 事実の受け入れ

❷承認 とらえかた変換

❸行動 してほしい変換

❹激励 背中のひと押し

● ストーリー：部活編

課題
新人戦
はじめての公式戦、本領発揮なるか!?

秋になると、初めての新人戦。夏に頑張ってきたことを試す機会。
どんな生徒も緊張し、自分が出せなくなります。逆に、それに打ち克つことができれば、勢いでどこまでも進んでいけます。勢いに乗るか、自分に蓋をしてしまうかは、かける言葉で変わってきます。
生徒たちの本領発揮に導き、やってきたことをしっかり出せる新人戦にしましょう！

 ポイント
スピーチの骨子を考えよう

質問に答えてみよう

〈質問〉　　　　　　　〈考えて書いてみよう！〉

❶受容
事実の受け入れ

状況：相手はどんな状況ですか？

感情：相手はどんな心の状態ですか？

共感：あなたが相手の立場なら、
　　　共感できることは何でしょうか？

★相手はどんな状況・心情でしょうか？

❷承認
とらえかた変換

機転：相手がこの状況を乗り越えるのに
　　　必要な気づきは何でしょうか？

逆転：発想の転換ができることは？

承認：相手に今、あるもの、できている
　　　ことは何でしょうか？

★今あるもの、プラスな見方ができるものは？

❸行動
してほしい変換

行動：相手にしてほしいことは
　　　何でしょうか？

ネガポジ：言葉はポジティブですか？

アクション：言葉は相手のできる行動・
　　　　　　成功のイメージを伝えていますか？

★してほしいこと、成功のイメージは？

❹激励
背中のひと押し

激励：最後に何と言って送り出しますか？

関係：いつも言っている言葉は何ですか？

斟酌：相手が今、一番言ってほしい言葉
　　　は何でしょうか？

★あなたらしい励ましの一言は？

 **Let's try ペップトーク！**
スピーチを考えよう

🏁 **ゴール** 生徒にどうなってもらいたいか？

いつ	どこで	誰に	目的	気持ち

〈穴埋め〉

❶受容
事実の受け入れ

いよいよ新人戦。これから一戦一戦、戦っていくが、どうかな？
[　　　　　　　　　　　　　　　　　　　]
そういう気持ちになるのもわかるよ。

❷承認
とらえかた変換

緊張するのは、当然だ。それは [　　　　　　　　　　]
という証拠。君たちが今までの練習。
夏の合宿。乗り越えてきたからこそ、今、たくさんの気持ちになる。

❸行動
してほしい変換

だから、今日の試合は、[　　　　　　　　　]
これだけだ。
どんな時も、まっすぐ前だけ向いていけ。

❹激励
背中のひと押し

今までやってきたことを出そう。全力で今、できるベストを出す。
[　　　　　　　　　　　　　　　　　　　]
みんなで、今日もやり切ろう！

穴埋め回答例	①緊張で気持ちが上がらない　②本気で頑張ってきた
	③練習通り、声を出し続けろ　④このチームのすごさを見せてやろう

《《《自分でトライ》》》

❶受容
事実の受け入れ

❷承認
とらえかた変換

❸行動
してほしい変換

❹激励
背中のひと押し

● ストーリー：部活編

課題㉟ 引退試合
最後の公式戦、完全燃焼しよう

あっという間に１年が経ち、引退試合を迎えます。
新人戦での経験。そして冬を越え、春の大会を経験し、最後の夏。
仲間と過ごした日々も、いつもの練習も、部室も、当たり前がそうでなくなります。だからこそ、この試合に自分の全部をぶつけたいという想いがあります。
これまでの頑張りを最大限に引き出す、勇気づけのペップトークで送りましょう！

ポイント
スピーチの骨子を考えよう

質問に答えてみよう

〈質問〉　　　　　　　　　　　〈考えて書いてみよう！〉

❶受容
事実の受け入れ

- 状況：相手はどんな状況ですか？
- 感情：相手はどんな心の状態ですか？
- 共感：あなたが相手の立場なら、共感できることは何でしょうか？

★相手はどんな状況・心情でしょうか？

❷承認
とらえかた変換

- 機転：相手がこの状況を乗り越えるのに必要な気づきは何でしょうか？
- 逆転：発想の転換ができることは？
- 承認：相手に今、あるもの、できていることは何でしょうか？

★今あるもの、プラスな見方ができるものは？

❸行動
してほしい変換

- 行動：相手にしてほしいことは何でしょうか？
- ネガポジ：言葉はポジティブですか？
- アクション：言葉は相手のできる行動・成功のイメージを伝えていますか？

★してほしいこと、成功のイメージは？

❹激励
背中のひと押し

- 激励：最後に何と言って送り出しますか？
- 関係：いつも言っている言葉は何ですか？
- 斟酌：相手が今、一番言ってほしい言葉は何でしょうか？

★あなたらしい励ましの一言は？

Let's try ペップトーク!
スピーチを考えよう

🏁 **ゴール** 生徒にどうなってもらいたいか？

いつ	どこで	誰に	目的	気持ち

〈穴埋め〉

❶受容 事実の受け入れ
明日、最後の大会が始まる。
今日まで、3年生は良く頑張った。＿＿＿＿＿＿＿＿＿＿
ここまでこれたこと、それを感じよう。

❷承認 とらえかた変換
今日まで君たちが頑張ってきたのは
＿＿＿＿＿＿＿＿＿＿＿＿＿＿＿＿＿＿＿＿があったからだ。
たくさんの想いや練習、仲間の存在君たちが過ごしたもの全部が財産だ

❸行動 してほしい変換
だから、明日の試合には、＿＿＿＿＿＿＿＿＿＿
臨んでほしい。
今日、帰って家族へ一言伝えよう。ありがとうと。

❹激励 背中のひと押し
万全の準備で明日を迎えよう。
気持ちが大事だ、＿＿＿＿＿＿＿＿＿＿
明日から君たちと1試合でも多く過ごしていたい。

穴埋め 回答例	①君たちが中心だった	②自分ならできるという想い
	③このチームならできるという想いで	④最後の大会を最高の瞬間にしよう

《自分でトライ》

❶受容 事実の受け入れ

❷承認 とらえかた変換

❸行動 してほしい変換

❹激励 背中のひと押し

● ストーリー：特別編

| 課題 ㊱ | 遅刻対応
時間を守る大切さと思いやり |

遅刻をしてしまう生徒に対して、どんな言葉をかけて、導いていくか。
ルールだから守りなさい。罰を与える。このような外発的動機付けでは、自発的に本人が動くことは難しいでしょう。
本人の中にある課題を明確化し、自分から学校にくること、時間を守る大切さをどう伝えるかがポイントになります。本質を伝えて、自分の人生にとって、今あるルールをどう解釈していくか。きちんとした説明が必要です。

ポイント
スピーチの骨子を考えよう

＜質問に答えてみよう＞

〈質問〉　　　　　　　　　　　　　　　〈考えて書いてみよう！〉

❶受容
事実の受け入れ

状況：相手はどんな状況ですか？

感情：相手はどんな心の状態ですか？

共感：あなたが相手の立場なら、
　　　共感できることは何でしょうか？

★相手はどんな状況・心情でしょうか？

❷承認
とらえかた変換

機転：相手がこの状況を乗り越えるのに
　　　必要な気づきは何でしょうか？

逆転：発想の転換ができることは？

承認：相手に今、あるもの、できている
　　　ことは何でしょうか？

★今あるもの、プラスな見方ができるものは？

❸行動
してほしい変換

行動：相手にしてほしいことは
　　　何でしょうか？

ネガポジ：言葉はポジティブですか？

アクション：言葉は相手のできる行動・
　　　　　　成功のイメージを伝えていますか？

★してほしいこと、成功のイメージは？

❹激励
背中のひと押し

激励：最後に何と言って送り出しますか？

関係：いつも言っている言葉は何ですか？

斟酌：相手が今、一番言ってほしい言葉
　　　は何でしょうか？

★あなたらしい励ましの一言は？

Let's try ペップトーク！
スピーチを考えよう

🏁 **ゴール** 生徒にどうなってもらいたいか？

いつ	どこで	誰に	目的	気持ち

❶受容 事実の受け入れ

遅刻について、話をします。
「学校のルールです」と言えば簡単ですが、それはこの学校だけの規則です。
評価のためや罰があるから守ってほしいわけではないです。

❷承認 とらえかた変換

そもそも時間を守ることって、なぜ大切なのかそれを考えましょう。
〜生徒に考えてもらう時間をとる〜
※守るメリットは、そのまま　※守らないデメリットは、とらえかた変換

❸行動 してほしい変換

時間を守ることで、みんなの人間関係や自分自身の生活リズムが変わります。
特に、人は人と一緒に生活しています。
みんなが相手を思いやる行動が、時間を守ることであると私は思います。

❹激励 背中のひと押し

明日からは、変わった自分で行動しましょう。
まずは今日帰って、目覚ましをセットするところからかな。
やれることから、解決していきましょう。

《《《自分でトライ》》》

❶受容 事実の受け入れ

❷承認 とらえかた変換

❸行動 してほしい変換

❹激励 背中のひと押し

● ストーリー：特別編

課題㊲ いじめ対応
一人一人が大切な存在であること

いじめは、学校の中でも大きな課題として位置しています。
集団で生活する中で、集団が個を攻撃し、追い詰めると言うヒエラルキーが
存在してしまう環境では自分を出せずに可能性をつぶしてしまいます。
個を尊重し、一人一人が大切な存在であることを認識することが必要です。
自分が満たされているからこそ、相手にやさしくできる。
みんなが満たされ、満たされていない人を励まし支えることが理想です。

ポイント
スピーチの骨子を考えよう

質問に答えてみよう

〈質問〉 〈考えて書いてみよう！〉

❶受容 事実の受け入れ
- 状況：相手はどんな状況ですか？
- 感情：相手はどんな心の状態ですか？
- 共感：あなたが相手の立場なら、共感できることは何でしょうか？

★相手はどんな状況・心情でしょうか？

❷承認 とらえかた変換
- 機転：相手がこの状況を乗り越えるのに必要な気づきは何でしょうか？
- 逆転：発想の転換ができることは？
- 承認：相手に今、あるもの、できていることは何でしょうか？

★今あるもの、プラスな見方ができるものは？

❸行動 してほしい変換
- 行動：相手にしてほしいことは何でしょうか？
- ネガポジ：言葉はポジティブですか？
- アクション：言葉は相手のできる行動・成功のイメージを伝えていますか？

★してほしいこと、成功のイメージは？

❹激励 背中のひと押し
- 激励：最後に何と言って送り出しますか？
- 関係：いつも言っている言葉は何ですか？
- 斟酌：相手が今、一番言ってほしい言葉は何でしょうか？

★あなたらしい励ましの一言は？

 Let's try ペップトーク！
スピーチを考えよう

🏁 ゴール　生徒にどうなってもらいたいか？

いつ	どこで	誰に	目的	気持ち

❶受容
事実の受け入れ

いじめについて、今日は話をする。
いじめがあるか、ないか、なぜ起こってしまうのか、考えても何か正解があるわけでない。ただ1つ傷ついた人が出る。それは事実。

❷承認
とらえかた変換

言葉や行動や態度で、傷つく人がいるなら言葉を変えれば、
人を満たすこともできる
そう思う。みんなには心も体も満たされた生活を送ってほしい。

❸行動
してほしい変換

まずは、自分自身を大切にしてほしい。
自分が満たされているから人に優しくできる。
もしそうでないときは、先生に声をかけてほしいと思う。

❹激励
背中のひと押し

一人一人が自分を大事にして、人に優しくなれる。お互いに尊重し、励まし合える。
1人のエネルギーがみんなの良いエネルギーになる。そんなクラスにしていこう。
よろしくお願いします。

《《《自分でトライ》》》

❶受容
事実の受け入れ

❷承認
とらえかた変換

❸行動
してほしい変換

❹激励
背中のひと押し

115

● ストーリー：特別編

課題㊳ 暴力・盗難・飲酒対応
処罰対象の事案について

学校で傷害や盗難など、法律違反・警察が介入してしまうケースも時に起こります。社会のルールとして、処罰される場合、その子自身だけでなく、その周りの生徒たちにも影響が大きく出てきます。
その事案と向き合い、どう行動すべきだったかをしっかり理解する。
生徒たちの成長のために、真摯に向き合い、きちんとした説明が必要です。

ポイント
スピーチの骨子を考えよう

＜質問に答えてみよう＞

〈質問〉　　　　　　　　　　　〈考えて書いてみよう！〉

❶受容
事実の受け入れ

- 状況：相手はどんな状況ですか？
- 感情：相手はどんな心の状態ですか？
- 共感：あなたが相手の立場なら、共感できることは何でしょうか？

★相手はどんな状況・心情でしょうか？

❷承認
とらえかた変換

- 機転：相手がこの状況を乗り越えるのに必要な気づきは何でしょうか？
- 逆転：発想の転換ができることは？
- 承認：相手に今、あるもの、できていることは何でしょうか？

★今あるもの、プラスな見方ができるものは？

❸行動
してほしい変換

- 行動：相手にしてほしいことは何でしょうか？
- ネガポジ：言葉はポジティブですか？
- アクション：言葉は相手のできる行動・成功のイメージを伝えていますか？

★してほしいこと、成功のイメージは？

❹激励
背中のひと押し

- 激励：最後に何と言って送り出しますか？
- 関係：いつも言っている言葉は何ですか？
- 斟酌：相手が今、一番言ってほしい言葉は何でしょうか？

★あなたらしい励ましの一言は？

 **Let's try ペップトーク!**
スピーチを考えよう

🏁 **ゴール** 生徒にどうなってもらいたいか？

いつ	どこで	誰に	目的	気持ち

 ❶受容 事実の受け入れ
> 残念ながら、このクラスのメンバーが法律違反をしました。
> 学校からの処罰また警察の介入もあります。
> これは学生だからということで守られるものではありません。

 ❷承認 とらえかた変換
> やったことは戻せません。でも未来は違う。本人にとっては、これからが大事です。
> そして、みんなにも起こったことではなく、
> これから先に自分たちはどうしていくのかを考えてもらいたいと思ってます。

 ❸行動 してほしい変換
> 今回のことを、しっかり受け止めていきましょう。
> 生徒という今を大事にしてほしいです。
> 今だからできることがある、それを頑張ってほしいと思います。

 ❹激励 背中のひと押し
> 今日、皆が思ったことをノートで提出してください。
> 僕自身、何を伝えて教えていくかを考えていきたいです。
> 一緒に考える力を貸してください。よろしくお願いします。

《《自分でトライ》》

❶受容 事実の受け入れ

❷承認 とらえかた変換

❸行動 してほしい変換

❹激励 背中のひと押し

おわりに

　本書にご紹介した「ゴールペップトーク」のワークは、どれだけ言葉の断捨離をして、伝えたいメッセージだけを伝えるかのノウハウになります。ついつい先人たちの名言や素晴らしいストーリーに出逢うと、その全てを語ってしまいます。しかし、それは授業で学ぶものとしては素晴らしい題材になっても、子どもの背中のひと押しには、まわりくどいお説教になってしまうかも知れません。

　可能であれば、4行で話す。説明が必要な場合でも、1分で要点を分かりやすく伝える技術、それがゴールペップトークの醍醐味です。聞いていて分かりやすく、思いが伝わり、何をすべきか理解させたうえで、行動そのものを起こすきっかけになる。そのためには、1分でまとめられた脚本にも、命を吹き込むための「演出力」や「表現力」も必要です。

　プロやオリンピックのスポーツ現場で話されるペップトークは、目的が明確ですから、共通の言語で、心を込めて本気で伝えます。もちろん、相手の体調や心情に合わせた匙加減をします。それは、4年に一度しか来ない大一番だからです。

　しかし、考えてみると子どもたちにとっての目の前のイベントも、その子の人生の1ページとして一度しかないチャレンジなのです。その大事な「本番」に向けて、指導者は、心して言葉を選び、どう言うかを本気で考え、準備するのが役割なのでしょう。

　類書を拝見すると、実例が事細かく書かれているものが多い中、本書では、読み手の皆さんに考えて埋めてもらう部分が大変多くなっています。何故なら、本当に選ぶべき言葉は、言われる側、すなわち子ども達の中にあるからです。今、一番言われたい言葉は何なのか。それを真剣に考え、そこに先生らしさを加えてブレンドし、本気で語れば必ず心に届きます。

　「頑張れって言われたくないって言ってる子に、何と言って励ませばよいのでしょう」の質問に対して、「そういう子には『では、いざという時には、何と言ってほしいの？』と普段から聞いておくことです。」と、著名なチームスポーツの監督さんが答えていました。大事なのは、本当に言うべき言葉は、言われる側の中にあるということです。

　さあ、どんな状況になったとしても
　しっかり相手の気持ちを受け止めて
　今の自分の持っている言葉を駆使して
　前向きな背中のひと押し、してください！

岩﨑由純

日本ペップトーク普及協会では、セミナー・講演を100名の講師が全国で行っております。私たちがペップトークのコンテンツを伝え、多くの方が自分の目の前にいる応援したい相手へ、"短く・わかりやすく・前向きな言葉"を伝えていただき、多くの喜びのお手紙やメールをいただきます。

　今回、教師向けのワークブックを作成するにあたり、たくさんの先生方にご意見を頂戴し、実際にペップトークを使った体験談をヒアリングいたしました。先生方のかける言葉が生徒の心に届き、今後の人生を変えるきっかけになることを感じました。

　おわりに本書の制作中にいただいた手紙をご紹介します。

> ■先生へ
> 約2年間、担任をして下さってありがとうございました！先生と過ごした2年は、本当に充実していて楽しく、あっという間でした。卒業が近づくにつれてたくさんの事が懐かしく感じられます。文化祭で劇をしたこと、運動会で大縄100回とべたこと、合唱コンクールでアンコールクラスを取ったこと、まだまだたっっくさんの思い出があります。でも、私の中で1番心に残っているのは先生が「できる！」を3回言え！と言っていたことです。(笑) なんでそれ？って思うかもしれないけど、本当に1番心に残っているんです！私はこの言葉に何度も助けられました。受験当日も「できる！×3」と言って自分らしく、普段通りに受けることができました。結果はダメだったけど、自分の全力を出し切ることができました。もっともっとこの言葉を多くの人に広めて下さい！私のように助けられる人がたくさんいると思います！

　この生徒の学校生活は先生の言葉で支えられ、そして、これからの人生にも先生の言葉が勇気をくれると思います。ぜひ未来を生きる子どもたちに、その可能性を広げるペップトークをかけてください。

堀　寿次

《著者紹介》

岩﨑由純（いわさき・よしずみ）

1959（昭和34）年、山口県生まれ。日本体育大学体育学部卒業後、米国のシラキューズ大学大学院修士課程で「アスレティック・トレーニング」を専攻する。全米アスレティック・トレーナーズ協会（NATA）公認アスレティック・トレーナー（ATC）、日本体育協会公認アスレティック・トレーナー資格を持つ。ロスアンゼルス五輪（1984年）、バルセロナ五輪（1992年）に帯同トレーナーとして参加する。全日本バレーボールチーム帯同トレーナー（1991～92年）など、アスレティック・トレーナーとして活躍する。日本アスレティック・トレーナーズ機構（JATO）元副会長。現在、日本オリンピック委員会（JOC）強化スタッフ、NECレッドロケッツのコンディショニング・アドバイザー、一般財団法人日本ペップトーク普及協会代表理事、日本コア・コンディショニング協会（JCCA）会長、トレーナーズスクエア株式会社代表取締役社長。
〈著書〉『元気の缶詰　ペップトーク　感動体験編』（中央経済社）、『やる気をなくす悪魔の言葉VSやる気を起こす魔法の言葉』（中央経済社）、『心に響くコミュニケーション　ペップトーク』（中央経済社）、『子どものココロを育てるコミュニケーション術』（東邦出版）、『図解最先端テーピング術』（東邦出版）、『[DVD]岩﨑トレーナーのテーピングテクニックの全て』（医道の日本社）、『コア・コンディショニングとコアセラピー』（講談社）、『新版トレーナーズ・バイブル』（翻訳、医道の日本社）、『ナショナルチームドクター・トレーナーが書いた種目別スポーツ障害の診療』（南江堂）、『ひとりでも簡単にできるテーピング』（成美堂出版）、『スポーツ留学 in USA』『すぐに役立つテーピングテクニック』（ナツメ社）、『想いが伝わるペップトーク』（日本ペップトーク普及協会）『子どもの心に響く励ましの言葉がけ「ペップトーク」』（学事出版）、『スクール・ペップトーク』（学事出版）ほか。

堀　寿次（ほり・としつぐ）

1985（昭和60）年、大分県生まれ。大阪府立大学経済学部卒業。尾崎商事株式会社（現、菅公学生服株式会社）開発本部で商品開発に従事する。その後、菅公学生服株式会社関東事業部営業部に配属され、関東の学校へ営業として駆け回っている。日本ペップトーク普及協会講師（ファシリテーター・スピーカー）、アンガーマネジメント協会ファシリテーターの資格を有し、企業研修、教員研修の他、中学校や高校に出向いて生徒対象のセミナー、講演会の講師として活躍している。

―――● 制作協力：日本ペップトーク普及協会 ●―――
浦上大輔（専務理事）、占部正尚（理事）、岩﨑麻衣（事務局長）、
井上多栄子、菅野輝史、岡﨑茂美、德武有紀、大塚直美、西山崇子、
荒川慎子、三森啓文、鈴木孝、岡田康邦、室井俊男、芝原佳子、
荒谷卓朗、佐伯桂、倉部雄大、中野律、今野敬貴、宮津みどり

心に響く励ましの言葉を磨く
スクール・ペップトーク実践ワーク集

2019年4月16日　初版発行

著　者――岩﨑由純・堀　寿次

発行者――安部英行

発行所――学事出版株式会社
　　　　〒101-0021　東京都千代田区外神田2-2-3
　　　　電話 03-3255-5471
　　　　http://www.gakuji.co.jp

編集担当　　丸山久夫（株式会社メディアクリエイト）
本文イラスト　海瀬祥子
装　丁　　　精文堂印刷デザイン室　内炭篤詞
印刷製本　　精文堂印刷株式会社

© Yoshizumi Iwasaki & Toshitsugu Hori, 2019 Printed in Japan　　落丁・乱丁本はお取替えします。

ISBN978-4-7619-2553-6　C3037